Steinwede · Först
Die Schöpfungsmythen der Menschheit

Die Schöpfungsmythen der Menschheit

Herausgegeben von Dietrich Steinwede
und Dietmar Först

Patmos

Bibliografische Information der Deutschen Bibliothek

Die Deutsche Bibliothek verzeichnet diese Publikation in der
Deutschen Nationalbibliografie; detaillierte bibliografische Daten
sind im Internet über http://dnb.ddb.de abrufbar.

© 2004 Patmos Verlag GmbH & Co. KG, Düsseldorf
Alle Rechte vorbehalten
1. Auflage 2004
Umschlaggestaltung unter Verwendung einer Miniatur aus Rajasthan,
18. Jahrhundert: Vishnu mit seiner Gefährtin Lakshmi im Milchozean
auf der vielköpfigen Weltschlange Ananta. Auf einem Lotos
in Vishnus Nabel erscheint der vierköpfige Schöpfergott Brahma (vgl. S. 37 f.).
Printed in Germany
ISBN 3-491-72479-1
www.patmos.de

Inhalt

Zu diesem Buch 8

Der Vordere Orient
Die Schöpfung bei den Sumerern 17
Enuma Elisch – Der babylonische Schöpfungsmythos 18
Hymnus an den Mondgott Sin 21
Die Entstehung der Welt –
Der biblische Schöpfungstext von Genesis 1 22
Die Erschaffung des Menschen –
Der biblische Schöpfungsmythos von Genesis 2 26
Ein biblischer Schöpfungshymnus – Psalm 104 28
Der Schöpfungshymnus des Jesus Sirach 30
Ein Schöpfungstext aus Qumran 32

Islam
Allah – der Schöpfer und Erhalter 33
Allah spricht 34

Indien
Der Schöpfungshymnus des Rigveda 35
Der indische Schöpfungsmythos von den drei Gottheiten 37
Indische Kosmogonie nach dem Gesetzbuch des Manu 40
Die Weltschöpfung nach den Upanishaden 41
Brahma – der Dreigestaltige 42

Iran
Zarathustra und der Schöpfergott Ahura Mazda 43

Ägypten
Atum – Schöpfergott von Heliopolis 46
Hymnus auf den Weltschöpfer Amun 49
Hymnus auf den Weltschöpfer Ptah 51
Das Schöpfungslied des Pharao Echnaton 53
Der Chnum-Schöpfungshymnus 56

Griechenland – Rom
Der griechische Weltentstehungsmythos des Hesiod 59
Prometheus erschafft die Menschen 62
Zeus trennt die Kugelmenschen –
Aus dem »Symposion« des Platon 65
Die Weltschöpfung aus dem Chaos bei Ovid 68

Der Norden Europas und Asiens
Die Schöpfung im nordgermanischen Edda-Lied Voluspá 71
Der altnordische Weltentstehungsmythos aus der Prosa-Edda .. 73
Schöpfung aus sieben Eiern –
Aus dem Kalevala, dem finnischen Nationalepos 76
Der finnische Mythos vom himmlischen Schmied
und dem Sänger 80
Der sibirische Schöpfungsmythos der Tschuktschen 82

China und Japan
Der chinesische Weltentstehungsmythos von P'an Ku 84
Der japanische Schöpfungsmythos von Izanagi und Izanami ... 86

Schwarzafrika
Der Schöpfungsmythos der Dogon 88
Der Schöpfungsmythos der Yóruba 91
Der Schöpfungsmythos der Herero 98
Der islamische Suaheli-Schöpfungsmythos 100

Polynesien und Mikronesien
Der Maori-Mythos vom Schöpfer Io 104
Die Erschaffung der Frau aus der Erdenmutter 105
Der polynesische Schöpfungsmythos von Ta'aroa und Tane 106
Der mikronesische Schöpfungsmythos von Nareau, dem Älteren,
und Nareau, dem Jüngeren 110

Australien
Traumzeit-Mythos der Ureinwohner Australiens 114

Nordamerika
Der Schöpfungsmythos der Lakota (Sioux) 117
Die Himmelsfrau – Schöpfungsmythos der Irokesen 121
Der Schöpfungsmythos der Winnebago 124
Der Schöpfungsmythos der Hopi 125
Das Lied der Holunderflöte – Coyotes Beitrag zur Schöpfung .. 132

Mittelamerika
Der Schöpfungsmythos der Tolteken 135
Die Erschaffung des Menschen nach dem Schöpfungsmythos
der Azteken 140
Die Schöpfung nach dem Popol Vuh der Quiché-Mayas 143

Südamerika
Viracocha, der Schöpfergott der Inka 148
Der Schöpfergott des Wortes bei den Guaraní 154

Jung und Alt fragen 157

Zu diesem Buch

Das erfuhr ich in der Welt als das größte der Wunder,
dass die Erde nicht war, noch der Himmel oben,
dass Baum nicht wuchs, noch Berg nicht war, noch irgendein Tier,
dass die Sonne nicht schien, noch leuchtete der Mond, noch irgendein Stern,
dass nicht wallte die mächtige See.
Als da gar nichts war an Enden und Wenden,
da war doch der eine, der allmächtige Gott.

Aus dem Wessobrunner Gebet, Kloster Wessobrunn, um 800

Rund um die Welt haben alle Kulturen eine Vielfalt mythischer Darstellungen über die Entstehung der Götter, der Welt, der Menschen überliefert. In ihren Mythen erzählen die Völker, was ihr Leben trägt und bestimmt. »Mythen spiegeln die Seele eines Volkes« (Neil Philip).

Ein *Mythos* (griechisch »Wort«, »Rede«, »Erzählung«) ist eine archaische Dichtung, ein Poesietypus, der sich aus der Traumwelt der Menschen speist. Wie ein Gedicht deutet er die Welt in Bildern und Symbolen. In einem unhistorischen Raum angesiedelt, erschließt er letztlich nicht hinterfragbare existentielle Wahrheiten.

»Der Mythos besitzt eine Tiefe, die niemand einholen kann, weil sie im Göttlichen wurzelt« (Hubertus Halbfas). D. h., indem er von Göttern/Göttinnen erzählt, wird der Mythos zur Offenbarung und damit zum integralen Bestandteil jeder Religion. Für das Überleben von Kulturen sind Mythen unverzichtbar. Sie wären nicht entstanden, wenn sie nicht einem elementaren Bedürfnis der Menschen entsprochen hätten.

»Erste Aufgabe einer mythischen Dimension – ob als Mythos oder mythisches Ritual, Sakralgesang oder Zeremonialtanz – ist es, im Individuum ein Gefühl der Ehrfurcht, des Staunens, des Einbezogenseins in das unerforschliche Rätsel des Lebens zu wecken« (Joseph Campbell).

Schöpfungsmythen – die Mythen mit dem tiefsten Gehalt – erzählen von einem Urgeschehen, von dem Aufstieg einer Welt aus dem Nichts am Anfang. Immer ist es ein göttliches Urwesen – oft einfach da, oft aus dem Nichts hervorgehend – das aus einem Ur-Chaos eine Ordnung schafft, einen Kosmos, in dem Menschen dann leben, ihren Weg antreten können.

Der vielleicht bemerkenswerteste Aspekt des Schöpfungsmythos ist, dass es ihn gibt – und zwar überall auf der Welt. Irgendwann wurde

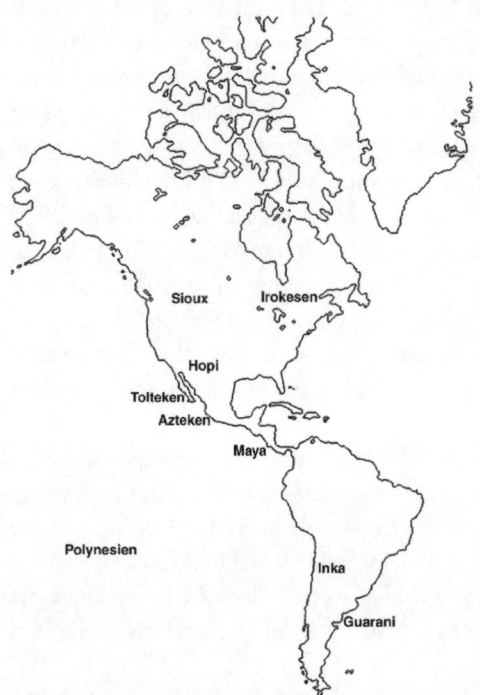

der menschliche Geist erstmals auf seine Spiritualität aufmerksam, erkannte, dass es neben der dinglichen Welt noch eine andere tiefer gegründete Welt geben müsse, die er durch Intuition und Inspiration, durch Traum und Phantasie erfahren konnte. Und schon sah er in dieser anderen Welt (fast immer als Welt über ihm) ein Wesen am Werk, das mehr war als er selbst, ein Urwesen, vor dem er sich neigen konnte. Und schon führte er seine Welt, sich und sein Dasein, seinen Ursprung auf dieses Ur-Wesen zurück, sah sich von ihm erschaffen. Und schon erzählte er, betete, lobte, opferte, fand Rituale. So könnte es gewesen sein – in vielen der alten Kulturen zu unterschiedlichen Zeiten. Ein Anfang der »Schöpfung« (den Begriff übernahmen die Ethnologen von den Bibelwissenschaftlern) aus einer heiligen Kraft, das war so etwas wie ein weltumspannender Glaube. Und dann geschah es überall sehr schnell, dass das Ur-Wesen als oberste Gottheit gesehen wurde, dem sich alsbald weitere Gottheiten zugesellten, nicht selten, um Teilschöpfungsaufgaben zu übernehmen.

Das Handeln der Urgottheiten selbst bildet sich in den Kulturen sehr vielgestaltig ab. Z. B. lässt der Urgott einen Urriesen erscheinen (Ymir im Mythus der Nordgermanen, P'an Ku im chinesischen Schöpfungsmythos), durch dessen Opfer und Teilung dann Welt und Menschen entstehen. Oder die Schöpfung wird durch ein ersterschaffenes Urpaar bewirkt, z. B. durch Izanagi und Izanami im japanischen Schöpfungsmythos. Schöpfung kann durch einen zweigeschlechtlichen Gott entstehen (Zurvan im iranischen Schöpfungsmythos des Zarathustra). Nicht selten ist eine Göttin schaffende Urkraft. Die griechische Gaia des Hesiod wäre hier zu nennen oder auch aus dem irokesischen Schöpfungsmythos die vom Himmelsherrn verstoßene Himmelsfrau, die in die Tiefe hinabstürzt und dann aus einem Erdhaufen auf dem Rücken einer Schildkröte die Menschenwelt entstehen lässt. Auch Tiere übernehmen Schöpfungsaufgaben, z. B. eine alte Spinnenfrau sowohl in einer mikronesischen wie in einer nordamerikanischen Schöpfungserzählung.

Die Menschen werden zu Partnern der Schöpfungsgottheiten. Ihnen ebenbildlich (vgl. Genesis 1, 18), verwalten sie in deren Auftrag den Lebensraum der Erde, indem sie ihn bebauen und bewahren. »Sie sollen ihr Leben genießen und dem Schöpfer Dank sagen können«, meint der nordamerikanische Hopi-Mythos. »Sie sollen ihre Vernunft nutzen, alles erkennen, was es in der Welt gibt, die fernverborgenen

Dinge, die Kuppel des Himmels und das Innere der Erde«, wie die Quiché-Maya Guatemalas in ihrem Schöpfungsmythos, dem Popol Vuh, erzählen.

»Die Menschen müssen das tun, was die Götter zu Anfang taten«, sagt ein indisches Wort, will heißen, die Menschen müssen schöpferisch tätig sein. Dazu bedürfen sie einer beständigen Verbindung zu ihrer Schöpfergottheit. Sie finden sie in Ritualen jeglicher Art, aber auch in der Idee der »heiligen Achse« – oft ein heiliger Baum (bei den Nordgermanen die Weltenesche Yggdrasil) –, die die Öffnung gegen das Transzendente, Göttliche, sicherstellt. »So bleiben die Menschen Zeitgenossen des Weltanfangs«, sagt der bekannte Ethnologe Mircea Eliade. Und »so befestigt der Gedanke an den gnädigen Schöpfer Ethik und Lebensvertrauen der Gruppe, des Stammes oder des Volkes. So bestärkt er im Bewusstsein der göttlichen Schirmherrschaft den kulturellen Zusammenhalt« (Ivar Lissner).

Das schaffende Wort

»Im Anfang war das Wort. Und das Wort war bei Gott. Und Gott war das Wort. Alle Dinge sind durch das Wort gemacht« (Johannes 1, 1.3) – das zeigt eine weit über den christlichen Glauben hinausreichende Übereinstimmung mit Schöpfungsmythen der Welt: In einem Hymnus an den Mondgott Sin der Stadt Ur aus dem 2. Jahrtausend v. Chr. wird solche schöpferische Kraft des Wortes gepriesen. Io, ewiger, allwissender Hauptgott der Maori Neuseelands, Schöpfer von Welt, Göttern und Menschen, Schöpfer von Dunkel und Licht, spricht – und es geschieht: »Dunkelheit erfülle dich mit Licht«, spricht Io. Und sogleich erscheint das Licht. »Licht, erfülle dich mit Dunkelheit«, spricht Io. Und sogleich sind Licht und Dunkelheit verwoben. »Herrschen aber soll das Licht«, spricht Io. Und das helle Licht gewinnt Vorherrschaft über das Dunkel.

Ähnlich wird in Indien von Brahma erzählt, der zu Anfang, unabhängig von Raum und Zeit, einfach da war und der im formlosen Reich der Gedanken sich in einem Laut zeigte, der über das Nichts hinaus schwang, der auf sich selbst zurückkehrte, aber dann die Entstehung von Wasser und Wind bewirkte, die miteinander spielend den nebelartigen Leib der Welt erschufen.

Ähnlich wird von Göttern Ägyptens erzählt: »Amun, der im Uranfang entstandene Gott (später war er Reichsgott von Theben in Oberägypten), begann zu sprechen inmitten des Schweigens. Er begann zu rufen. Sein Ruf erschallte. So brachte er die Geschöpfe zur Welt und bewirkte, dass sie lebten« (nach einem Hymnus an Gott Amun, der im 15. Jahrhundert v. Chr. niedergeschrieben wurde).

Ähnlich heißt es von Ptah, dem Schöpfergott von Memphis in Unterägypten, dass alles, was er erdachte, durch die Kraft seiner Worte ins Leben trat.

Auf einer ägyptischen Steinplatte mit Hieroglypheninschrift, im 8. Jahrhundert v. Chr. eingemeißelt, vermutlich aber bis ins 2. Jahrtausend v. Chr. zurückgehend, ist zu lesen: »Jedes göttliche Wort erlangt Wirklichkeit durch den Gedanken des Herzens und die Beherrschung der Zunge. Sobald die Augen sehen, die Ohren hören, die Nase atmet, berichten sie an das Herz. Es ist das Herz, das jede Entscheidung hervorbringt, und die Zunge wiederholt den Gedanken des Herzens. Auf diese Weise wurden die Götter gemacht von Atum (dem ersten der Götter) an.«

Hier ist also der Zunge – dem Wort – Schöpferkraft zugesprochen. Ähnliches findet sich in amerikanischen Kulturen.

Schöpfungslieder

Viele Schöpfungsmythen sind hohe Literatur, oft mit liedhaftem Charakter. Das gilt für die Schöpfungsdichtung des Römers Ovid (Metamorphosen), die in fließenden Hexametern daherkommt. Das gilt für das nordische Edda-Lied der Voluspá, das einem sehr eigenen strengen Rhythmus folgt. Die Ägypter kennen solche Hymnen auf ihre Weltenschöpfer Amun oder Ptah. Aber auch im fernen Urwald Südamerikas findet sich bei den Guaraní-Indianern ein liedhafter Schöpfungsmythos.

Daneben gibt es zahllose Texte, die auf erzähltes Schöpfungshandeln – dieses weiter und neu entfaltend – in hymnischem Lobpreis antworten. Von besonderem Rang ist hier die hebräische Dichtung. Aus der nicht geringen Zahl der Schöpfungspsalmen sei Psalm 104, der bedeutendste seiner Art im Alten Testament, hervorgehoben. »Jahwe, wie sind deiner Werke so viel. Du hast sie alle mit Weisheit geschaffen.« Viel weniger bekannt ist das alttestamentlich apokryphe Buch Jesus Sirach in den Kapiteln 39 und 42-43, wo es u. a. heißt: »Alles ist gut, was Gott erschuf. Was er befiehlt, das geschieht. Darum singet und jubelt mit Herz und Mund und preist den Namen des Herrn.«

Zu nennen ist in solchem Zusammenhang (nicht zuletzt wegen der Parallelen zu Psalm 104) das weltberühmte Sonnenlied des Pharao Echnaton im 14. Jahrhundert v. Chr., das Lied auf Echnatons Gott Aton, die schöpfungskräftige Sonne: »Leuchtest du auf, so wird alles neu. Du schaffst alles neu. Du, Sonne, bist ewig!«

Manchmal ist es so, dass innerhalb eines Schöpfungstextes Schöpfungslieder erklingen. So singt im finnischen Kalevala-Mythos »Vom himmlischen Schmied und vom Sänger« der Sänger Váinamoinen ein gewaltiges Schöpfungslied, das die Weiten des Alls durchbraust. Und im nordamerikanischen Hopi-Mythos klingt während der Schöpfungsphasen immer wieder ein Schöpfungslied auf. Hier heißt es, dass einer der von der Spinnenfrau erschaffenen Ur-Zwillinge die gesamte Erde durchwanderte und seine Stimme erklingen ließ: »Und all die Schwingungspunkte der Erde entlang von Pol zu Pol antworteten seinem Rufen. Die Erde geriet in Schwingungen und wiegte sich nach seinen Melodien. So machte er die Erde zu einem Instrument seiner Klänge, zu einem Instrument, das Loblieder für den Schöpfer aller Dinge ertönen ließ.«

Aber auch die Ureinwohner Australiens, die Aborigines, erzählen in ihrem Traumzeit-Mythos: »Die Hügel, die Bäume, die Felsen, die Büsche sind unsere großen Stätten. Wir suchen sie auf und tanzen und singen dort von den Dingen, die unseren großen Ahnen zugestoßen sind. Wir tanzen, singen und spielen, was sich einst zugetragen hat. So erkennen wir, was uns widerfahren soll. Wir singen, tanzen und spielen die Ereignisse aus den Tagen, da der Himmel und die Erde leer waren und auf der Erde nur Salzwasser lag.«

Die Überlieferung

Mancher der antiken Schöpfungstexte, z. B. die Weltschöpfung aus dem Chaos bei dem Römer Ovid, hat durch die strenge dichterische Form nahezu kanonischen Charakter gewonnen. In der Regel aber sind auch die antiken Texte, wie die vielen Versionen, die es vom

Schöpfungsmythos des Hesiod gibt, einer Nacherzählung gegenüber offen.
Ganz anders ist das in den Kulturen, die nur von mündlicher Überlieferung leben. Hier wurde in den Riten immer wieder neu, immer wieder anders erzählt. Und so sind die Schöpfungserzählungen, die von Weißen in Afrika, in Nordamerika, in der Südsee, weil man sich ihnen (gegen die Regel, dass die Ursprungsmythen den »heiligen« Männern, den Eingeweihten, vorbehalten waren) dennoch anvertraute, so etwas wie »Momentaufnahmen«. Andererseits sind durch diese Fixierung der Weißen viele Mythen, die sonst wohl, da ihre Bewahrer ausstarben, verloren gegangen wären, gerettet worden.

Aus einschlägigen Veröffentlichungen (auch aus Archiven) kehren diese Mythen heute oft zu den Ursprungsvölkern zurück, werden dort erstmals in der Breite bekannt und dann auch in wieder erstandene Riten übernommen.

Aber auch die Mythen der alten Kulturen, seien es die der Azteken, der Ägypter oder der Griechen und Hebräer, werden stets durch neue Bücher, durch Theater oder Film wieder lebendig, und sei es in unangemessener Weise, wie es z. B. mit den germanischen Mythen in der Nazizeit geschah. Von der hebräischen Schöpfungsüberlieferung ist zu sagen, dass sie im Gottesdienst von Juden und Christen (letztere haben gleich den Buddhisten keinen eigenen Schöpfungsmythos) stets gegenwärtig ist.

Übergreifende Elemente

»Mythen demonstrieren geradezu die Universalität der Religionen« (Barbara C. Sproul). Dort, wo sie immer wieder in Erinnerung gerufen werden, haben sie in den Kulturen eine fortwirkende Kraft. Die Mythen werden in religiöse Rituale eingebunden. Christen beten im Credo Sonntag für Sonntag: »Ich glaube an Gott, den Vater, Schöpfer des Himmels und der Erden.« Sie erneuern in diesem Bekenntnis die Schöpfung als creatio continua. Darin unterscheiden sie sich nicht von der Praxis anderer Religionen, seien diese nun vergangen oder nicht. Der Marduk-Mythos Enuma Elisch z. B. wurde Jahr für Jahr zum babylonischen Neujahrsfest im Marduk-Tempel von Priestern rezitiert und damit so zur Wirkung gebracht, als sei er gerade geschehen. »Allah erschafft das Licht an jedem Tage, nicht nur am ersten Schöpfungstag«, sagen die Muslime und zeigen damit, dass auch für sie die creatio continua ein grundlegendes Element ist. So auch für die Völker Schwarzafrikas, die Völker der Südsee oder die Indianerstämme Nordamerikas. Denen war immer bewusst, dass die Schöpfung sich beständig weiter entfaltet. Die in ihren Riten erzählten Schöpfungsmythen veränderten sich ständig, sei es nach gewandeltem Verständnis, sei es durch wechselnde Erzähler. Und doch gilt: Die archetypischen Anfänge, wie sie in den Schöpfungsmythen beschrieben wurden, sind absolut und wesenhaft. Darin stimmen z. B. Genesis 1 und Genesis 2 mit zahllosen Schöpfungsmythen der Welt überein: Die Wahrheit eines Schöpfungsmythos gilt überall und zu allen Zeiten. Gott hat viele Namen. »Jeder, der in seiner Sprache und in seinem Glauben den Schöpfer nennt, meint im Grunde die gleiche Kraft und Macht« (Georg Rauchwetter).

Sinn der Schöpfungsmythen

»In einer Welt, wo das einzig Sichere die Unsicherheit ist, bieten die großen Mythen Weisheit und Trost und bereiten den Weg in die Arme der Gottheit« (Neil Philip). Schöpfungsmythen helfen, zugleich sinnvoll mit der Gottheit zu leben und sinnvoll mit der Menschen umzugehen. Menschen vermögen voneinander zu lernen. Von den Indianern lernen sie z. B., wie wichtig ein Leben im Einssein mit der Natur ist, einer göttlich durchdrungenen Natur. Der Indianer Bill Emersy sagt es so:

> Großvater, Schöpfer der Welt,
> von Kräutern duftende Canyons erzählen mir von dir.
> Ich spüre deine Gegenwart, meine Stimme dankt dir.
> Vogel, Insekt, Fels und Baum beten mit mir.
> Danke, Großvater!

In ihren Schöpfungsmythen geben sich die Menschen seit Urzeiten Antworten auf die Frage nach der Weltentstehung. Viele Mythen haben dabei erstaunlicherweise über große Entfernungen von Raum und Zeit hinweg auffallende Ähnlichkeiten. In diesem Sinne hat man von weltumspannenden »Elementargedanken« gesprochen. Sei es nun das Symbol des Eis als globales Urelement für alle Weltschöpfung, sei es die Schöpfung durch das Wort oder das Einhauchen des Atems in den neugeschaffenen Menschen. Es bleibt - und das macht die Faszination aus - vielfältiger Reichtum hier und die Identität von Grundelementen dort.

Was dieses Buch bietet, ist eine Mythenauswahl aus den großen Menschheitskulturen. Dabei wurde auf Texte zurückgegriffen, die durch ihre spirituelle Essenz und ihre sprachliche Schönheit zu überzeugen vermögen. Oft wurden dabei mythische Märchenerzählungen herangezogen, die manchen Schöpfungsmythos reich entfalten.

Am Schluss mag stehen, was der Römer Ovid in seinem Schöpfungsmythos vom griechischen Menschenschöpfer Prometheus sagt: »Er ließ den Menschen das Haupt hoch tragen, denn er sollte den Himmel sehen und aufgerichtet den Blick zu den Sternen erheben.«

Die Schöpfung bei den Sumerern

Der nachfolgende älteste bekannte Schöpfungsmythos aus dem Zweistromland, verzeichnet auf den Fragmenten einer sumerischen Keilschrifttafel aus der Zeit um 2000 v. Chr. – die Sumerer waren die Erfinder der Keilschrift, dieses ältesten Schriftsystems der Menschheit –, erzählt vom Schöpfer Enki, der eine Weltordnung herstellt, der den sumerischen Bauern fruchtbares Ackerland verschafft, der die Stadt Eridu gründet und der sich selbst am Ufer des Euphrat einen kostbaren Tempel errichtet.

Als der Himmelsgott An den Himmel werden lässt,
als Enlil die Erde gründet,
als Himmel und Erde sich entfernen,
als die Menschheit entsteht,
da segelt Enki, der König des Ozeans,
von fernher zur Erde.
Und Enki spricht:
»Ich bin der Sohn des An.
An legte das Gesetz in meine Hände.
Ich hüte die Urkunden über Himmel und Erde.
Ich bin der Vater der Länder.
Ich bin das Ohr der Länder.
Ich hüte die Gerechtigkeit
zusammen mit An, meinem Vater.«
Und Enki spricht:
»Ich stieg zum Himmel auf.
Da kam Regen von oben.
Ich neigte mich zur Erde.
Da kam Wasser von unten, überfließend.
Und alles ergrünte und blühte.
Ich schuf den Pflug.
Ich öffnete die Furchen.
Ich ließ Getreide wachsen auf dem Feld.«
Und Enki baut die Stadt Eridu.
Und Enki baut sich einen Tempel
aus Metall und kostbaren Steinen.
Er baut ihn an den Euphrat ...

Enuma Elisch – Der babylonische Schöpfungsmythos

Das umfangreiche auf die sumerische Zeit zurückgehende Epos im hymnischen Stil, das von den Babyloniern selbst nach seinen Anfangsworten Enuma Elisch (= »Als droben« ... der Himmel noch nicht war) genannt wurde, diente in seinem sakralen Charakter der Verherrlichung des babylonischen Stadtgottes Marduk, der durch seinen Sieg über die Urgottheit Tiâmat, das Sinnbild des Chaos im Uranfang, die Ordnung des Kosmos vollenden konnte, und der, später an die höchste Stelle des babylonischen Pantheons gesetzt, zum Reichsgott wurde.

Das Weltschöpfungsepos – es gehört zu den bedeutendsten Mythen des Vorderen Orients – wurde in den Ritualen zum babylonischen Neujahrsfest am 4. Tag im Monat Nisan (April) von Priestern rezitiert, wobei die Wiederholung des Sieges über Tiâmat und der kosmogonischen Bemühungen Marduks diese Ereignisse real wiederkehren, sie im Sinne einer creatio continua staatstragend neu wieder entstehen ließen.

Marduks Bedeutung war vielfältig und reich: Er war nicht nur Welt- und Menschenschöpfer, er war Lebensspender, Lichtbringer, Gott der Weisheit und des Rechtes. Er war auch Gott des Ackerbaus und der Frühlingssonne.

Die ursprüngliche Fassung des Epos entstand wohl im 19./17. Jahrhundert v. Chr. (sumerische Zeit); die in 7 Keilschrifttafeln mit etwa 900 Zeilen vorliegende Fassung geht auf das 7.–2. Jahrhundert v. Chr. zurück.

Als der Himmel droben noch nicht ist und unten noch nicht die Erde,
noch kein Strauchwerk, noch kein Rohrdickicht,
da wogen im All das süße Urmeer Apsu und das salzige Urmeer Tiâmat.
Die Meere sind Götter. Sie vermischen ihr Wasser.
Da werden geschaffen Lachamu und Lachmu.
Und die gebären Anschar und Kischar.
Aus denen kommt Ea, ein großer Gott.
Ea aber tötet Apsu. Er fesselt, er erschlägt ihn.
Ea hat Damkine zur Frau. Mit ihr erzeugt er einen Sohn.
Das ist Marduk, der Mächtige, Weise.
Er ist schon erwachsen bei seiner Geburt.
Er ist erfüllt von Herrlichkeit. Er hat vier Augen und vier Ohren.
Riesenhaft ist er von Gestalt. Aus seinen Lippen springt Feuer hervor.
Höchster ist er unter den Göttern, erfüllt mit furchtbarer Kraft.
Tiâmat aber will Rache für Apsu. Sie rüstet gegen Ea.
Tiâmat ist wie ein Drache im Meer.

Mit Gift erfüllt ist ihr Leib. Wütende Drachen ruft sie ins Leben, gebiert entsetzliche Schlangen.
Xingu, den Gott, macht sie groß vor allen.
Er soll den Angriff führen. Die »Tafel der Schicksale« gibt sie ihm.
Da hat er höchste Kraft.
Der Kampf beginnt. Tiâmat siegt. Ea unterliegt.
Verzweifelt ruft Ea nach Marduk, dem Starken: »Töte Tiâmat!«
Der spricht: »Dann bin ich der höchste der Götter. Die Zusage musst du mir geben.«
Und Ea gibt Marduk den Herrscherstab. Und Marduk nimmt seine Keule.

Das Bild zeigt Marduk mit dem besiegten Drachen Mushussu, einem der Drachen Tiâmats. Der Gott steht auf dem Ozean des Himmels. Er trägt eine reich verzierte Federkrone und ein mit Medaillons besetztes Gewand. In seiner Linken hält er als Zeichen seiner Würde Ring und Herrscherstab, in seiner Rechten die Keule, mit der er Tiâmat erschlug.

Zeichnung von Fulvio Testa nach dem Relief auf einem Lapis-Stein in Babylon.

Er wendet sich gegen Tiâmat. Furchtlos stürmt er in die Schlacht.
Auf seinem Streitwagen stürmt er voran. Der Kampf gegen Tiâmat beginnt.
Auge in Auge stehen sie. Und Marduk wirft sein Netz. Er wirft es über Tiâmat.
Sie wird darin gefangen. Marduk kommt mit dem Wirbelwind.
Und der bläst Tiâmats Körper auf. Marduk durchbohrt ihren Bauch mit dem Pfeil.
Mittendurch spaltet er sie.
Und Marduk tötet den Gott Xingu. Die »Tafel der Schicksale« nimmt er ihm ab.
Marduk löscht Tiâmats Leben aus. Tiâmat ist nicht mehr.
Er hat sie mit der Keule zerschmettert. Wie einen Fisch zerteilt er sie.
Er hebt die eine Hälfte auf und befestigt sie als Himmel.
Aus der anderen Hälfte erschafft er die Erde, die Länder und die Gebirge.
Er teilt den Himmel in zwölf Zonen. Zwölf Monate erhält das Jahr.
Den Mondgott lässt er leuchten bei Nacht, den Sonnengott bei Tag.
Die Zeit ihres Laufes legt er fest. Den Sternen schafft er Bahn.
Aus Tiâmats Speichel macht er Wolken, den Hauch der Nebel aus ihrem Gift.
Aus ihren Augen strömen die Flüsse, der Eufrat und der Tigris.
Dann ruht der Held von seinem Kampf, von seinem Schöpfungswerk.
Und danach spricht er: »Gebein will ich bilden und ein Gewebe aus Fleisch und Blut.
Ein neues Wesen soll entstehen: Mensch soll der Name sein.
Es soll uns dienen, uns, den Göttern.«
Aus Xingus Blut erschafft Marduk den Menschen.
Und Marduk grenzt die Erde ab und setzt 600 Götter ein.
Und Marduk erbaut einen Tempel für sich. Der Tempel heißt Egasila.
Drei Jahre – und Babylon ist erbaut, darin der Tempel Marduks.
Und Marduk feiert ein großes Fest.
Sie rufen ihn aus als König der Götter.
Die Götter sagen: »Wir wollen dich ehren!«
Und Marduk erglänzt vor Freude.
Die Götter geben ihm viele große Namen: »Der Himmel und Erde erschuf«, »Marduk, der den Menschen erschuf«, »Marduk, der Tiâmat bezwang«.

Hymnus an den Mondgott Sin

Aus dem 2. Jahrtausend v. Chr. ist ein erstaunlicher Text überliefert. Als Hymnus an den Mondgott Sin von Ur (der Stadt Abrahams) preist er die schöpferische Kraft des Wortes, auf die, ähnlich wie in Gen 1,1 bis 2,4a (oder später im Koran) alles zurückgeht: Macht über die Geister, Fruchtbarkeit von Natur und Kreatur, Gerechtigkeit und Wahrheit unter den Menschen. Verborgen ist dieses Wort; nichts ist ihm gleich, aber seine schaffende Kraft ist überall spürbar.

Barmherziger du, du gnädiger Vater,
dir geben wir alle Ehre.
Deine Hand bewahre das Leben des Landes.
Du bist groß wie Himmel und Meer.

Erschallt dein Wort in den Weiten des Himmels,
die Geister des Himmels werfen sich nieder.
Ergeht dein Wort hin über die Erde,
die Geister der Tiefe küssen den Boden.

Und geht es wie ein Sturmwind daher,
gedeihen Speise und Trank.
Und lässt es sich nieder auf der Erde,
allüberall wächst Gras.

Dein Wort macht die Herden der Ställe fruchtbar.
Leben breitet sich aus.
Gerechtigkeit entsteht durch dein Wort
und Wahrheit kommt in die Rede des Menschen.

Der ferne Himmel spricht dein Wort,
desgleichen die nahe Erde.
Dein Wort ist verborgen. Wer will es verstehen?
Nichts unter Menschen ist ihm gleich.

Die Entstehung der Welt –
Der biblische Schöpfungstext von Genesis 1

Ein von Ewigkeit her existierender alleiniger und allmächtiger Schöpfergott Elohim (Elohim als Plural von Eloach bezeichnet den *einen* Gott) ruft die Welt ins Dasein. Wurzelnd in uralten Kulturen Mesopotamiens ist Genesis 1,1 bis 2,4a wohl ein Mythos als Göttergeschichte, denn eine Gottheit wirkt, dennoch ist der Text in seiner konzeptionellen Klarheit und Rationalität, in seinem harmonisch auf sechs Tage und acht Schöpfungswerke verteilten Ablauf, eher eine Weltentstehungslehre, in der die Mythisierung aufgehoben ist. Weder wird im babylonischen Enuma Elisch ein Ur-Chaos im Kampf besiegt (»der Geist Elohims *schwebte* über der Wasserfläche«), noch werden Gestirnsgottheiten, geschweige denn eine Erdgöttin oder ein Unterweltgott erschaffen. Ganz unmythisch entsteht die Welt (geradezu wissenschaftlich) wie eine Glasglocke (mit Durchlässen für die Wasser von oben) über einer Erdscheibe, die auf Säulen im Wasser von unten ruht (vgl. z. B. Ijob 9,6.8). Der Sonne, dem Mond und den Sternen am Firmament sind ihre Funktionen als Leuchten zugewiesen. Die Tierwelt entsteht, danach der Mensch als Mann und (vollkommen gleichgeordneter) Frau, die über die Tierwelt nur insofern »herrschen«, als sie den Tieren artgerechtes Leben ermöglichen.

Alles bis hin zum siebten, dem Ruhetag, eine knappe, wohlgegliederte Schilderung, klug in ihrer Gedanklichkeit, sparsam und genau in der Sprache, einer Sprache, die in der steten Widerholung bestimmter Sätze eine rhythmische Gesamtgestalt erhält. In seiner literarischen Kraft gilt Genesis 1 als einer der schönsten Schöpfungstexte der Welt. Die »Schöpfung« – der ursprünglich biblische Begriff wurde von den Mythenforschern generell übernommen – vollzieht sich vor allem durch das Wort (»So er spricht, so steht's da«, Psalm 33,9), daneben aber auch durch das Handeln (Elohim »machte«).

Jüdische Priester haben die theologische Lehre von Genesis 1,1 bis 2,4a, älteste Traditionen verarbeitend, etwa um 550 v. Chr. (= nach dem Exil) aufgezeichnet – auch in Auseinandersetzung mit dem babylonischen Marduk-Mythos, bei dem die Welt aus einem Götterkampf entstand. Für Israels Priester gibt der Schöpfer – das ist entscheidend – jeglichem Geschöpf, nicht zuletzt dem Menschen, Leben, Ordnung und Sinn.

Das Glasglockenweltbild von Genesis 1 mit der Erde als Scheibe wurde noch im 16. Jahrhundert z. B. von Hiernoymus Bosch – es war die Zeit des Nikolaus Kopernikus! – gemalt. Und im 17. Jahrhundert verteidigte die offizielle Kirche es noch fanatisch mit Mitteln der Inquisition gegen Gelehrte wie Giordano Bruno oder Galileo Galilei. Und auch heute – ob naiv oder nicht – leben wir das biblische Weltbild, wenn wir vom Aufgehen oder Untergehen der Sonne sprechen oder wenn unsere Kinder singen: »Weißt du, wie viel Sternlein stehen an dem blauen Himmelszelt?«.

Im Anfang schuf Elohim den Himmel und die Erde; die Erde war aber eine Wüstenei und Öde: Finsternis lag über dem Abgrund, und der Geist Elohims schwebte über der Wasserfläche.

Da sprach Elohim: »Es werde Licht!«, und es ward Licht.

Und Elohim sah, dass das Licht gut war; da schied Elohim das Licht von der Finsternis und nannte das Licht »Tag«, der Finsternis aber gab Er den Namen »Nacht«. Und es wurde Abend und wurde Morgen: erster Tag.

Dann sprach Elohim: »Es entstehe ein festes Gewölbe inmitten der

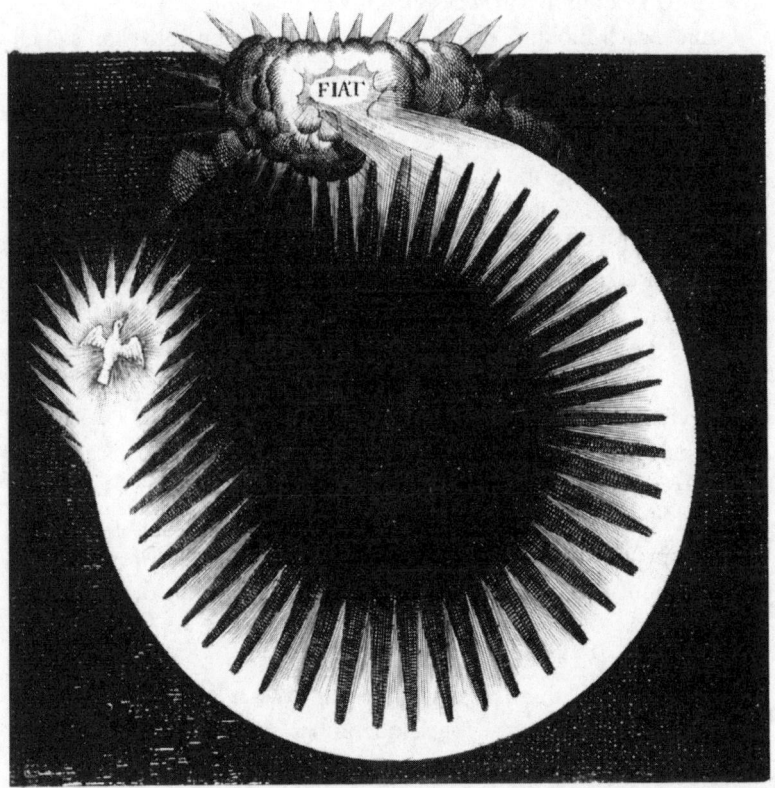

Schöpfung durch das Wort: »Es werde!« (lat. *fiat*). Keine Gottesgestalt ist zu sehen, nur das dynamisch ergehende Wort, das eine Lichtkugel gegen das zerfasernde Dunkel schafft. Die Taube links verdeutlicht dabei, dass die schaffende Gottheit immer auch Geist ist.
Stich aus Robert Fludd, Utriusque cosmi ... historia, Oppenheim 1618.

Wasser und bilde eine Scheidewand zwischen den beiderseitigen Wassern!« Und es geschah so. So machte Elohim das feste Gewölbe und schied dadurch die Wasser unterhalb des Gewölbes von den Wassern oberhalb des Gewölbes.

Und Elohim nannte das feste Gewölbe »Himmel«. Und es wurde Abend und wurde Morgen: zweiter Tag.

Dann sprach Elohim: »Es sammle sich das Wasser unterhalb des Himmels an einem besonderen Ort, damit das Trockene sichtbar wird!« Und es geschah so. Und Elohim nannte das Trockene »Erde«, dem Wasser aber, das sich gesammelt hatte, gab Er den Namen »Meer«. Und Elohim sah, dass es gut war.

Dann sprach Elohim: »Die Erde lasse junges Grün sprossen, samentragende Pflanzen und Bäume, die je nach ihrer Art Früchte mit Samen darin auf der Erde tragen!« Und es geschah so: Die Erde ließ junges Grün hervorgehen, Kräuter, die nach ihrer Art Samen trugen, und Bäume, die Früchte mit Samen darin je nach ihrer Art trugen. Und Elohim sah, dass es gut war.

Und es wurde Abend und wurde Morgen: dritter Tag.

Dann sprach Elohim: »Es sollen Lichter am Himmelsgewölbe entstehen, um Tag und Nacht voneinander zu scheiden; die sollen Merkzeichen sein und zur Bestimmung von Festzeiten sowie zur Zählung von Tagen und Jahren dienen! Und sie sollen Leuchten sein am Himmelsgewölbe, um Licht über die Erde zu verbreiten!« Und es geschah so. Da machte Elohim die beiden großen Lichter: das größere Licht zur Herrschaft über den Tag und das kleinere Licht zur Herrschaft über die Nacht, dazu auch die Sterne. Elohim verteilte sie dann über das Himmelsgewölbe, damit sie Licht über die Erde verbreiteten und am Tage und in der Nacht die Herrschaft führten und das Licht von der Finsternis schieden. Und Elohim sah, dass es gut war. Und es wurde Abend und wurde Morgen: vierter Tag.

Dann sprach Elohim: »Es wimmle das Wasser von einem Gewimmel lebender Wesen, und Vögel sollen über der Erde am Himmelsgewölbe hinfliegen!« Und so geschah es. Elohim schuf die großen Seetiere (Drachen) und alle Arten der kleinen Lebewesen, die da sich regen, von denen die Gewässer wimmeln, dazu alle Arten der beschwingten Vögel. Und Elohim sah, dass es gut war. Da segnete Elohim sie mit den Worten: »Seid fruchtbar und mehret euch und erfüllet das Wasser in den Meeren! Auch die Vögel sollen sich auf

Erden mehren!« Und es wurde Abend und wurde Morgen: fünfter Tag.

Dann sprach Elohim: »Die Erde bringe alle Arten lebender Wesen hervor, Vieh, Kriechgetier und wilde Landtiere, jedes nach seiner Art!« Und es geschah so. Da machte Elohim alle Arten der wilden Tiere und alle Arten des Viehs und alles Getier, das auf dem Erdboden kriecht, jedes nach seiner Art. Und Elohim sah, dass es gut war.

Dann sprach Elohim: »Lasst uns Menschen machen nach unserm Bilde, uns ähnlich, die da herrschen sollen über die Fische im Meer und über die Vögel des Himmels, über das (zahme) Vieh und alle (wilden) Landtiere und über alles Gewürm, das auf dem Erdboden kriecht.«

Nach dem Bilde Elohims schuf Er sie;
als Mann und als Frau erschuf Er sie.

Dann segnete Elohim sie mit den Worten: »Seid fruchtbar und mehret euch: Füllt die Erde an und macht sie euch untertan! Herrscht über die Fische im Meer und über die Vögel des Himmels und über alle Lebewesen, die auf der Erde sich regen!«

Dann fuhr Elohim fort: »Hiermit übergebe ich euch alle samentragenden Pflanzen auf der ganzen Erde und alle Bäume mit samentragenden Früchten: Die sollen euch zur Nahrung dienen! Aber allen Tieren der Erde und allen Vögeln des Himmels und allem, was auf der Erde kriecht, was Lebensodem in sich hat, weise ich alles grüne Kraut zur Nahrung an!«

Und Elohim sah alles an, was Er geschaffen hatte, und siehe: Es war sehr gut. Und es wurde Abend und wurde Morgen: der sechste Tag.

So waren der Himmel und die Erde mit ihrem ganzen Heer vollendet.

Da brachte Elohim am siebten Tag sein Werk, das Er geschaffen hatte, zur Vollendung und ruhte am siebten Tage von all seiner Arbeit, die Er vollbracht hatte. Und Elohim segnete den siebten Tag und heiligte ihn; denn an ihm hat Er von seinem ganzen Schöpfungswerk und seiner Arbeit geruht.

Dies ist die Entstehungsgeschichte des Himmels und der Erde, als sie geschaffen wurden.

Genesis 1,1–2,4a

Die Erschaffung des Menschen –
Der biblische Schöpfungsmythos von Genesis 2

Etwa 400 Jahre früher (um 950) aufgeschrieben als der priesterschriftliche Text von Genesis 1, erzählt der Menschenschöpfungsmythos von Genesis 2, 4b-25, wie Jahwe Mensch und Garten, Tiere und die Frau entstehen lässt. Vorausgesetzt ist – gegenüber Genesis 1 ein sehr begrenztes Weltbild – eine trockene Steppe und Ackerboden. Regen, Feuchtigkeit, aufsteigender Nebel sind hier positive Elemente: Wasser schenkt Leben. Die Gottheit Jahwe wird anthropomorph vorgestellt. Jahwe arbeitet mit seinen Händen. Er formt den Menschen und pflanzt den Garten (persisch: Paradies = urzeitliche Stätte der Ruhe, des Friedens und des Glücks). Im Garten wachsen Bäume, darunter der Baum des Lebens und der für den Menschen verbotene Baum der Erkenntnis von Gut und Böse. Adam ist das von »adama«, der Erdkrume, genommene Geschöpf, kein Name, sondern ein Kollektivum, das »Mensch« bedeutet. Dass der Mensch (»isch«) aus Erde gemacht wird, ist weitverbreitetes Motiv, ebenso das Einhauchen des Lebensatems. Zum »Mann« wird Adam erst durch die Erschaffung der Frau. Voraus geht indes die Erschaffung der Tiere (Adam ruft sie mit Namen). Abschließend wird »ischa«, das weibliche Pendant zum Menschen, aus der Substanz des »isch« genommen. Begeistert heißt der Mann die Frau als das ihn ergänzende Wesen willkommen. Beide sind im Ur-Garten Gottes gleichsam ein halbgöttliches Menschenpaar – viele Mythen kennen etwas dergleichen – ein Paar, dem Scham bei Nacktheit fremd ist. Durch die Schlange, das mitgeschaffene Element, werden der Mann und die Frau dann der Gefährdung eines widergöttlichen Handelns ausgesetzt.

Genesis 2, 4b-25, das erste Kapitel der jahwistischen Geschichte, ist der älteste israelitische Text über den Ursprung des Menschen, nach C. Westermann »unter den Schöpfungsmythen im Vorderen Orient einzigartig«.

Zur Zeit, als Jahwe Erde und Himmel schuf, als es auf der Erde noch keine Sträucher auf dem Felde gab und noch keine Pflanzen auf den Fluren gewachsen waren, weil Jahwe noch keinen Regen auf die Erde hatte fallen lassen, und auch noch keine Menschen da waren, um den Ackerboden zu bestellen, ließ Jahwe eine Wasserflut aus der Erde aufsteigen und tränkte die ganze Oberfläche des Erdbodens. Da bildete Jahwe den Menschen aus dem Staub der Ackererde und blies ihm den Lebensoden in die Nase; so wurde er zu einem lebenden Wesen.

Hierauf pflanzte Jahwe einen Garten in Eden nach Osten hin und versetzte dorthin den Menschen, den Er gebildet hatte.

Dann ließ Jahwe allerlei Bäume aus dem Erdboden hervorwachsen, die lieblich anzusehen waren und wohlschmeckende Früchte trugen, dazu auch den Baum des Lebens mitten im Garten und den Baum der Erkenntnis des Guten und des Bösen.

Es entsprang aber ein Strom in Eden, um den Garten zu bewässern, und teilte sich von dort aus, und zwar in vier Arme. Der erste hieß Pison: Dieser ist es, der das ganze Land Hawila umfließt, woselbst sich das Gold findet – das Gold dieses Landes ist kostbar –, dort kommt auch das Bedolachharz vor und der Edelstein Soham. Der zweite Strom hieß Gihon: Dieser ist es, der das ganze Land Kusch umfließt. Der dritte Strom hieß Tigris: Dieser ist es, der östlich von Assyrien fließt; und der vierte Strom war der Euphrat.

Als nun Jahwe den Menschen genommen und in den Garten Eden gesetzt hatte, damit er ihn bestelle und behüte, gab Jahwe dem Menschen die Weisung: »Von allen Bäumen des Gartens darfst du nach Belieben essen; aber vom Baum der Erkenntnis des Guten und Bösen – von dem darfst du nicht essen; denn sobald du von diesem isst, musst du des Todes sterben.«

Hierauf sagte (sich) Jahwe: »Es ist nicht gut für den Menschen, dass er allein ist; ich will ihm eine Hilfe schaffen, die zu ihm passt.«

Da bildete Jahwe aus der Ackererde alle Tiere des Feldes und alle Vögel des Himmels und brachte sie zu dem Menschen, um zu sehen, wie er sie benennen würde: Und wie der Mensch jedes einzelne benennen würde, so sollte es heißen. So legte denn der Mensch allen zahmen Tiere, allen Vögeln des Himmels und allen wilden Tieren Namen bei; aber für den Menschen fand Jahwe keine Hilfe (Gefährtin) darunter, die zu ihm gepasst hätte.

Da ließ Jahwe einen tiefen Schlaf auf den Menschen fallen, so dass er einschlief; dann nahm er eine von seinen Rippen heraus und verschloss deren Stelle wieder mit Fleisch; die Rippe aber, die Er aus dem Menschen genommen hatte, gestaltete Jahwe zu einer Frau und führte diese dem Menschen zu. Da rief der Mensch aus: »Diese endlich ist es; Gebein von meinem Gebein und Fleisch von meinem Fleisch! Diese soll ischa heißen, weil sie vom isch genommen ist.«

Darum verlässt ein Mann seinen Vater und seine Mutter und hängt seiner Frau an, und sie werden ein Fleisch sein.

Und sie waren beide nackt, der Mann und seine Frau, und doch schämten sie sich nicht voreinander.

Genesis 2, 4b-25

Ein biblischer Schöpfungshymnus – Psalm 104

Unter den verschiedenen Gattungen der Psalmen (Psalm hebräisch »Loblied«) nehmen die Loblieder der Schöpfung in der Jüdischen Bibel einen besonderen Rang ein (Psalm 8, 4–10; Psalm 19, 1–7; Psalm 33, 9; Psalm 148, 1–12; vgl. auch Ijob 38, 4–38 und Jesus Sirach 43, 1–26). Psalm 104 ist mit seiner Antwort auf Gottes Schöpfungshandeln der bedeutendste hebräische Schöpfungshymnus. Das Lob der Größe Jahwes am Anfang geht über in eine ausführliche Schilderung der einzelnen Schöpfungstaten in der Natur. Schöpfung wird zum schaffenden Werk in der Gegenwart. Doch kehrt die Naturschilderung wieder zu ihrem Ursprung zurück: »Jahwe, wie sind deiner Werke so viel. Du hast sie alle in Weisheit geschaffen.«

Schon lange hat man Verbindungen von Psalm 104 zum Schöpfungslied des Pharao Echnaton aus dem 14. Jahrhundert v. Chr. festgestellt. Struktur und viele Einzelaussagen stimmen überein. Claus Westermann bemerkt dazu: »Alle Naturbeobachtung und Naturschilderung auf der Erde ist einmal aus dem Lob eines Schöpfers entstanden.«

Lobe, Jahwe, meine Seele! Jahwe, mein Gott, wie bist du so groß!
In Majestät und Pracht gekleidet, hüllst du dich ein in Licht.
Du spannst den Himmel wie ein Zeltdach.
Du fährst einher auf Flügeln des Windes.
Die Wolken machst du zu deinen Wagen.
In deinen Diensten stehen die Blitze.
Du gründest die Erde auf ihre Säulen,
so dass sie in Ewigkeit nicht wankt.
Mit Wassern der Urflut bedecktest du sie.
Bis über die Berge standen die Wasser.

Quellen ergießen sich zu Bächen.
Die fließen dahin zwischen Bergen.
Sie tränken alle Tiere des Feldes. Die Wildesel löschen ihren Durst.
An den Bächen wohnen die Vögel des Himmels.
Sie lassen ihr Lied erschallen.
Du tränkst die Berge von oben her. Dein Segen macht die Erde satt.
Gras lässt du sprossen für das Vieh,
all die Pflanzen für den Menschen.
Korn für Brot kommt aus der Erde
und Wein zu erfreuen des Menschen Herz.

All deine Bäume trinken sich satt, die Zedern des Libanon.
Dort bauen die Vögel ihre Nester.
Dort findet der Storch seine Wohnung.

Du machst den Mond, die Zeit zu messen.
Die Sonne weiß, wann sie untergeht.
Schickst du Finsternis, wird es Nacht.
Die Tiere im Walde werden lebendig.
Beim Aufgang der Sonne verschwinden sie
und lagern sich in ihren Höhlen.
Dann geht der Mensch an seine Arbeit
und müht sich bis zum Abend.

Jahwe, wie sind deiner Werke so viel.
Du hast sie alle mit Weisheit geschaffen.
Die Erde ist voll von deinen Gütern
und voll von deinen Geschöpfen.
Da ist das Meer, so weit und groß.
Zahllos die Tiere, die darin wimmeln.

Alles, was lebt, das wartet auf dich,
auf Nahrung von dir zur rechten Zeit.
Gibst du ihnen, sie nehmen mit Dank.
Du tust deine Hand auf, sie werden satt.
Nimmst du ihnen ihren Atem, so sterben sie und werden zu Staub.
Aber schickst du aufs Neue deinen Atem,
so werden sie neu geschaffen.
Die Erde wird dann wieder neu. Neu wird ihr Gesicht.

Für immer bleibt deine Ehre bestehen.
Freue dich, Jahwe, deiner Werke.
Die Erde erbebt, wenn du sie anblickst. Die Berge rauchen vor dir.
Jahwe, ich will dir immer singen.
Ich will dir spielen, solange ich bin.
Möge mein Singen dir wohlgefallen.
Ich will meine Freude haben an dir.
Lobe Jahwe, meine Seele! Ja, meine Seele, lobe den Herrn!

Aus Psalm 104, 1-36

Der Schöpfungshymnus des Jesus Sirach

Das Buch Jesus Sirach, verfasst von einem bedeutenden jüdischen Weisheitslehrer alttestamentlicher Zeit, zwischen 180 u. 170 v. Chr. entstanden, enthält neben Ratschlägen für rechtes Verhalten auch einen breit angelegten großartigen Lobpreis der Schöpfung. Sonne, Mond und Sterne werden als Werke Gottes bewundert, aber auch Regenbogen, Blitz und Donner, Winde und Wolken, Schnee und Eis kommen aus seiner Hand und lobpreisen ihn. Doch längst nicht alle Werke einer Ehrfurcht gebietenden Schöpfung kann der Mensch aufzählen, geschweige denn kennen. Vieles bleibt ihm verborgen.

Alles ist gut, was Gott erschuf.
Was er befiehlt, geschieht.
Darum singt und jubelt mit Herz und Mund
und preist den Namen des Herrn.
Er ist derselbe seit uralten Zeiten
und wird es für immer bleiben.

Wie prachtvoll ist das Firmament,
wie herrlich des Himmels Gewölbe.
Die Sonne blickt strahlend auf alles herab.
Von ihrem Glanz ist die Schöpfung erfüllt.
Bewundernswert ist dieses Werk,
das Gott, der Höchste, schuf.
Ihre flammenden Strahlen blenden das Auge.
Sie zieht ihre Bahn auf seinen Befehl.

Zur bestimmten Zeit erscheint auch der Mond,
ein ewiges Zeichen der wechselnden Zeiten.
Ein leuchtendes Banner der himmlischen Heere,
so strahlt er vom hohen Gewölbe herab.

Herrlich der Himmel beim Glanz der Sterne!
Welch funkelnder Schmuck aus den Höhen des Herrn.
Er hat sie zu ihrem Dienst berufen.
Sie ermüden nie auf ihrem Weg.

Schaue den prächtigen Regenbogen!
Er preist den, der ihn schuf.

Am Himmel erstrahlt sein herrlicher Halbkreis,
von der Hand des Höchsten dort ausgespannt.

Gott schickt die Blitze, die Winde, die Wolken.
Sein Donner grollt, und die Erde erzittert.
Die Winde wehen, wie er es will,
Wirbelwind und der Sturm von Norden.

Den Schnee lässt er fallen, das strahlende Weiß.
Die wirbelnden Flocken entzücken das Herz.
Wie Salz streut der Herr den Reif auf die Erde,
die feinen spitzen Nadeln.
Er lässt den eisigen Ostwind blasen.
Die Wasserflächen erstarren zu Eis.

Feuchtender Nebel bringt schnelle Heilung.
Und alles erquickt der kühlende Tau.

Vieles, noch vieles könnten wir nennen
und kämen doch nie ans Ende.
Der Herr ist größer als seine Schöpfung,
gewaltig und Ehrfurcht gebietend:
Unfassbar und herrlich ist seine Macht.

Wie könnten wir ihn denn preisen?

Wir kennen nur wenige seiner Werke.
Viele sind uns verborgen.

Und dennoch: Wir wollen ihn rühmen, erheben,
höher als unser Denken vermag.

Aus Jesus Sirach, Kapitel 39 und 42-43

Ein Schöpfungstext aus Qumran

Der Verfasser dieses Schöpfungspsalmes aus den zwischen 1946 und 1956 in den Höhlen von Qumran am Toten Meer gefundenen Schriften ist unbekannt. Der Text weicht in drei Punkten von den biblischen Schöpfungsüberlieferungen ab: 1. Gott erschafft Himmel und Erde durch einen Schwur. 2. Gott verstopft die Abflüsse aller Gewässer (wohl damit sie nicht auslaufen). 3. Gott ordnet die Jahreszeiten nach Monaten und Tagen, und zwar im Zusammenhang mit den jeweils hervorgebrachten Früchten.

Über die Taten Gottes sinne ich nach,
und dies ist für mich Belehrung.
Und die Einfältigen werden verstehen
und die Unverständigen werden begreifen.
Wie mächtig ist Gott! Er schuf wunderbare Werke.
Mit einem Schwur hat er Himmel und Erde gemacht,
und durch ein Wort seines Mundes all ihre Heere.
Er schuf Wasserläufe und verschloss die Öffnungen von
Flüssen, Teichen und jedem Strudel.
Er schuf die Nacht, die Sterne und ihre Bahnen
und ließ sie leuchten.
Er schuf Bäume und jede Beere des Weinstocks
und alle Früchte des Feldes.
Und er schuf Adam mit seinem Weibe.
Durch seinen Atem richtete er sie auf,
damit sie regieren über alles auf der Erde.
Und er ordnete die Monate,
die heiligen Feste und die Tage,
nach deren Ablauf wir die Früchte essen, die er hervorbringt.

Allah – der Schöpfer und Erhalter

Gleich dem Christentum beruft sich der Islam auf die Schöpfungstexte der Jüdischen Bibel. Für den gläubigen Muslim ist Genesis 1 gültige Offenbarung, denn er sieht keinen Unterschied zwischen dem Gott der Juden und Allah. Der Koran enthält an vielen Stellen einzelne Schöpfungsaussagen, von denen eine Auswahl im Folgenden zusammengestellt wurde. Darin zeigen sich die vielen Übereinstimmungen. Vor allem anderen ist es das schaffende Wort: »Er spricht – und es geschieht«. Dann die Betonung, dass der Schöpfergott der Eine, der Allmächtige ist. Allah hat die Menschen geschaffen und ihnen die Erde gegeben.
Aber es gibt auch Unterschiede: So findet sich z. B. nur im Koran die Aussage, dass der schaffende Gott auch jeden einzelnen Menschen vom Samentropfen im Leib der Mutter bis hin zum Tod in den Schöpfungsprozess einbezieht. Und auch die Aussage, dass die Schöpfung als creatio continua sich immer wieder erneuert, findet sich so in Genesis 1 nicht.

Da ist Allah, euer Herr. Es gibt keinen Gott außer ihm, dem Schöpfer aller Dinge. Er ist Sachwalter über alle Dinge. Die Blicke erreichen ihn nicht. Er aber erreicht die Blicke (Sure 6, 102-103).

Erschaffen hat er die Himmel und die Erde (30, 8). Er lässt die Nacht in den Tag übergehen und den Tag in die Nacht. Und er hat dienstbar gemacht die Sonne und den Mond. Jedes eilt zu seinem bestimmten Ziel (35, 13).

Er ist es, der den Himmel und die Erde in sechs Tagen schuf. Ihm gehört das Reich der Himmel und der Erde. Zu ihm kehren alle Dinge zurück (57, 4-5). Er hat alles gut geschaffen. Zuerst erschuf er den Menschen aus Ton. Er formte ihn und blies ihm von seinem Geist ein. Und er machte ihm Gehör, Augenlicht und Herz (32, 7.9).

Und es gehört zu seinen Zeichen, dass er aus euch selbst Gattinnen erschaffen hat, damit ihr bei ihnen wohnt. Und er hat Liebe und Barmherzigkeit zwischen euch gemacht. Zu seinen Zeichen gehört auch die Verschiedenheit eurer Sprachen und Arten. Und zu seinen Zeichen gehört auch euer Schlaf und euer Streben (30, 21-23).

Allah ist es, der die Winde sendet und die Wolken aufrührt. Er breitet sie aus am Himmel, wie er will. Und er zerreißt sie. Dann siehst du den Regen aus ihrer Mitte hervorbrechen. Und er trifft damit von seinen Dienern, wen immer er will. Und sie freuen sich (30, 48).

Allah ist es, der euch die Nacht zur Ruhe eingesetzt hat und den

Tag zum Licht. Denn Allah ist allgütig gegen die Menschen. Allah ist es, der euch die Erde zum festen Grund und den Himmel als Dach gegeben hat, der euch geformt, und zwar schön geformt hat, und der euch speist mit köstlichen Dingen. Er ist es, der euch aus einem Samentropfen kommen lässt, der euch wachsen lässt im Leib der Mutter. Dann lässt er euch als Kind herauskommen. Dann lässt er euch die Zeit der vollen Kraft erreichen. Und dann lässt er euch alt werden. Allah gibt Leben und Tod. Und wenn er eine Sache beschlossen hat, dann sagt er nur: »Werde!« – und sie ist (40, 61.63.67-68).

Allah erschafft, was er will. Und er ist der, der alles weiß und allmächtig ist (30, 54). Er ist es, der die Schöpfung am Anfang macht und sie dann wiederholt (30, 27).

Allah ist der Schöpfer, der Bildner und Gestalter. Im gebühren die höchsten Namen. Ihn preist, was in den Himmeln und auf Erden ist. Er ist der Allmächtige und Allweise (59, 24).

Allah spricht

Allah, muslimischer Schöpfergott, der bildlich nicht dargestellt werden darf, in kalligraphischen Schriftzeichen vergegenwärtigt.

Sehen sie denn nicht zum Himmel hinauf,
wie wir ihn erbauten und schmückten, wie
er keine Risse hat?
Und die Erde, wir breiteten sie aus und
gründeten fest die Berge
und ließen es auf ihr sprießen von jeglicher
schöner Art.
Und wir senden vom Himmel gesegnetes Wasser herab
und lassen durch Wasser Gärten sprießen und das Korn der Ernte.
Und wir lassen wachsen hohe Palmen mit dicht besetzten Fruchtscheiden als einen Lebensunterhalt für die Diener.
Und wir machen totes Land lebendig.
Also wird die Auferstehung sein.
Und wahrlich, wir schufen den Menschen.
Und wir wissen, was ihm seine Seele einflüstert,
denn wir sind ihm näher als seine eigene Halsschlagader.

Aus Sure 50, 6-7.9-11.16

Der Schöpfungshymnus des Rigveda

Zwischen 1500 und 1250 v. Chr. ins Industal eindringende indo-arische Stämme bringen eine Anzahl religiöser Texte mit, die in ihrem Kult rezitiert werden. Zum wichtigsten dieser Texte wird um 1200 eine Sammlung unterschiedlicher Lieder = der in einem altertümlichen Sanskrit aufgeschriebene Rigveda (»das in Versen bestehende Wissen«). Er bildet die erste der nachmals vier Sammlungen der Veden.
Der Rigveda enthält neben Anrufungen von Göttern und Lobpreisungen von Tieren und Pflanzen im 10. von 12 Liederkreisen auch einen geheimnisvollen Ursprungsmythos. Das uranfängliche Geschehen wird hier durch Negativaussagen, die Perioden des absoluten Nichtseins schildern, bestimmt. Dann aber beginnt das Sein mit dem Atem. Dann erwacht, als Keim unter Bruthitze entstehend, erstes Leben. Denker (Dichter) trennen das Sein vom Nichtsein. Ein »Oben« und »Unten« ist da. Doch wie dies alles sich gestaltet, kann niemand, nicht einmal eine höchste Gottheit sagen. So schließt der Hymnus (darin die sehr viel spätere Skepsis der Vorsokratiker vorwegnehmend) mit Skepsis über seine eigene Aussage. Und so bleibt er Spekulation – eines der ältesten Werke dieser Art.

> Nicht Nichtsein war damals und nicht das Sein.
> Kein Luftraum war, kein Firmament.
> Wer hielt die Welt? Wer schloss sie ein?
> War es das Wasser im Abgrund?
>
> Nicht Tod war da und nicht das Leben,
> nicht Sonne, nicht Mond und nicht die Sterne.
>
> Dann aber kam es zum Seienden.
> Das Eine war da. Da war Atem.
>
> Dunkelheit war noch in der Welt.
> Das All – ein großes Gewoge.
> Da kam das Leben, ein Same, ein Keim,
> geboren durch die Macht der Glut.
>
> Zeugungslust aus bloßem Gedanken
> wurde zum ersten Samen.
> Sinnende Denker, forschend im Herzen,

Das kosmische Mandala ist ein Abbild des Universums im Werden, ein Bild der ersten Weltentstehung. Aus dem geheimnisvollen »Nichts« der Mitte entsteht ein kosmischer Wirbel, der seine Energie nach außen überträgt. Konzentrisch sich überschneidende Bahnen umkreisen den Mittelpunkt. Eine Feueraureole schließt das Mandala nach außen ab.

Darstellung im »Paro-Dzong«, West-Bhutan

verknüpften das Sein mit dem Nichtsein.
Es gab ein Oben. Es gab ein Unten,
getrennt durch eine Schnur.
Oben aber war das Gewähren,
unten das Begehren.

Dem Nichtsein verbanden die Denker das Sein.
So wurden die ersten Dinge.

Wer aber weiß das alles gewiss,
wie diese Schöpfung entstanden ist?

Diesseits der Schöpfung sind die Götter.
Doch wo sind sie hergekommen?
Wer weiß, wie dies alles sich begab
und ob es durch Tatkraft geschah?

Ein höchster Gott im Licht des Himmels –
er weiß es. – Oder weiß er es nicht?

Rigveda X, 129,1-7

Der indische Schöpfungsmythos von den drei Gottheiten

Im Rigveda (um 1200 v. Chr.) wird auch ein bei den Hindus populär gewordener Weltschöpfungsmythos überliefert. Die Dreiheit Brahma/Vishnu/Shiva ist schöpferisch tätig. Ein Urschöpfer Prajapati geht ihnen voran. Gemeinschaftlich mit den sonst feindlichen Urdämonen, den Asuras, bringen die Götter durch das Aufschäumen des Urozeans das Unsterblichkeitselixier Amrita hervor. Der darauf folgende mythische Kampf mit den Dämonen wird von den Göttern mit Vishnus Hilfe siegreich beendet. In jeder der danach wiederkehrenden Schöpfungen (die Hindus zählen ein solches Zeitalter zu 4 320 000 Menschenjahren = jeweils ein Atemzug der Gottheit Brahma) erzeugt Vishnu durch seine zehn irdischen Verkörperungen (Avataras), darunter auch Krishna und Buddha, das Gleichgewicht, die Harmonie der Welt. Die Zeit der sterblichen Geschöpfe bewegt sich dabei in einem endlosen Kreis. Jedem Tod folgt eine Wiedergeburt.

Eine berühmte Reliefdarstellung vom Quirlen des Ozeans findet sich in Angkor Vat (Kambodscha), dem Haupttempel des mittelalterlichen Hindureiches der Khmer (Blütezeit 11. bis 13. Jahrhundert n. Chr.). Die nachfolgende Erzählung ist mit einigen Details aus anderen der zahlreichen Schöpfungsmythen Indiens angereichert.

Die Welt der Urzeit ist zerstört. Durch eine große Sintflut. Danach kommt eine neue Welt. Da ist das Urwesen Prajapati. Prajapati erschafft zwei Arten: Götter und Dämonen.

Gott Brahma erwacht in der neuen Welt. Eine Lotosblume trägt ihn. Brahma erschafft sich eine Frau, die Göttin Sarasvati. Immer wieder schaut er sie an. Sie versucht ihm auszuweichen. Doch immer erwächst ihm ein neuer Kopf. Viermal geschieht das. In vier Richtungen. Brahma hat vier Köpfe.

Gott Brahma fragt sich: »Wer bin ich denn? Und woher komme ich?« Er schaut hinunter ins endlose Urmeer. Er sieht den Lotosstängel. Der kommt hervor aus einem Nabel. Es ist der Nabel des Gottes Vishnu. Und auf dem Lotos Brahma selbst, Brahma mit den vier Köpfen. Vishnu schläft auf dem Leib der Schlange. Es ist die Schlange Ananta. Lakshmi sitzt zu seinen Füßen, die Göttin des Glücks, seine ewige Gattin. Viele Köpfe hat die Schlange. Sie ist ein Schutz für Vishnu.

Gott Brahma spricht: »Wer bist du dort unten?« – »Wer bist denn du?«, fragt Vishnu. Gott Brahma spricht: »Ich dachte an dich. Und da erschuf ich dich.« Gott Vishnu spricht: »Ich bin deine Mutter. Ich habe *dich* geboren.«

Und da geschieht es: Eine Lichtsäule wächst vom Grund des Ozeans bis in den Himmel. Es öffnet sich eine Tür in der Säule und Shiva tritt heraus, Shiva, der Gott des Schöpfungstanzes, der Gott, der zerstört und überwindet.

Die drei entdecken: Wir sind doch eins. Es gibt nur den einen Gott. (Später nennt man sie Trimurti, das bedeutet »Dreigestalt«). Die drei entschließen sich zur Schöpfung. Die Welt soll neu entstehen.

Sie versammeln sich auf dem Weltenberg Meru. Sie wollen das Meer aufwühlen. Sie wollen Amrita daraus gewinnen, das Elixier der Unsterblichkeit.

In jener Zeit sind die Dämonen, die Antigötter, die Asuras, noch nicht die tückischen Feinde der Götter. Noch machen sie gemeinsame

Sache. Sie sagen: »Wir wollen es aufschäumen lassen, das Urmeer, das aus Milch besteht. Das Milchmeer soll in Wallung kommen. Dann gewinnen wir Amrita.«
 Kurma, die riesige Schildkröte, hilft. Kurma, das ist auch Vishnu. Ein Berg wird auf den Kopf gestellt. Es ist der Berg Mandara. Auf Kurma findet die Bergspitze Halt. Der Berg soll als Rührstab dienen. Vishnu sitzt oben auf dem Stab-Berg. Vishnu hält alles im Gleichgewicht.
 Als Sehne, um den Rührstab gelegt, gebrauchen die Götter Vasuki. Sie ziehen die Weltschlange hin und her. Die Dämonen helfen ihnen. Der gewaltige Quirl beginnt sich zu drehen. Da schäumt das Milchmeer auf.
 Und da geschieht es: Dem Meer entsteigen wunderbare Wesen und Dinge. Auf steigt der Götterarzt Dhavantari. Er trägt die Schale mit Amrita. Der Dämon Rasu raubt ihm den Trank. Doch Vishnu tötet Rasu. Auf steigt das weiße Sonnenpferd mit den vielen Köpfen. Es ist die Sonne. Auf steigt der weiße Elefant, das Reittier des Gottes Indra. Auf steigt ein Edelstein wunderbar. Es ist der Stein Kastubha. Auf steigt aus dem Urmeer eine Kuh. Es ist die Urkuh Surabhi. Sie bringt den Wohlstand für die Menschen. Allen soll es gut ergehen. Und darum verehren die Hindus die Kuh. Sie ist ihnen rein und heilig.
 Und die Götter trinken jetzt Amrita, den Trank der Unsterblichkeit. Den Berg aber bringen sie zurück an seinen alten Ort.
 Doch die Weltenschlange ist erschöpft. Sie speit Gift aus ihren Mäulern. Shiva saugt es auf, das Gift. Shiva ist stark. Er kann es vertragen. Blau läuft seine Kehle an. »Blauhals« heißt er seitdem.
 Die Götter behalten den Urtrank Amrita. Sie wollen ihn nicht teilen. Nichts bekommen die Dämonen. Da geraten diese in Wut. Es kommt zu einem gigantischen Kampf. Die Dämonen wollen die Götter stürzen. Neue Zeitalter entstehen. Alles ist voller Qual.
 Doch Vishnu kann alles zur Ruhe bringen. Die Götter bleiben bewahrt. Vishnu zermalmt die bösen Dämonen. Eine neue Welt steigt herauf. Vishnu bringt die Harmonie. Und die Götter sind jetzt unsterblich.

Indische Kosmogonie nach dem Gesetzbuch des Manu

Ein anderer Schöpfungsmythos der Hindus erzählt, dass am Anfang der Zeit die Welt in Dunkelheit lag. Aus dem Keim, der im Urozean schwamm, entstand ein leuchtendes Ei. Darin war der Urkeim des Gesegneten, das Brahman, der göttlich Selbstgeborene. Der blieb im Ei, bis er den Geist erschuf, der Nichtsein und Sein hervorbrachte, bis er sich selbst hervorbrachte, bis er durch die Kraft seiner Gedanken das Ei zerteilte. Aus den Hälften erschuf er Himmel und Erde.

Das Gesetzbuch des Manu ist eine Sammlung von moralischen, gesellschaftlichen und zeremoniellen Regeln, die noch heute von vielen Hindus als verbindlich angesehen werden. Entstanden ist das Buch etwa 500 v. Chr. (heutige Textform 100-300 n. Chr.). Manu wird darin als mythische Gestalt, als Ahnherr des Menschengeschlechtes, gesehen.

Dieses Universum war ganz Finsternis, unkenntlich, ohne Unterscheidungsmerkmale, dem Denken unerreichbar, unerfasslich, ganz in tiefen Schlaf versunken.

Dann trat der göttliche Selbstgeborene mit unwiderstehlicher Kraft hervor; er schuf dies, vertrieb die Finsternis.

Er, der nur dem übersinnlichen Geist Erfassbare, der Unvorstellbare, der Ewige, der alle Dinge in sich enthält und unbegreiflich ist, der trat von selbst in die Erscheinung.

Er, der die verschiedensten Geschöpfe aus sich hervorzubringen wünschte, schuf mit seinem Denken zuerst die Wasser, in die er Keimkräfte sandte. Daraus entstand ein goldenes Ei, an Glanz der Sonne gleich. In diesem ließ er sich selbst als Brahman gebären, der Schöpfer der ganzen Welt.

Aus dieser unvorstellbaren, ewigen Grundursache, die zugleich wirklich wie auch unwirklich ist, wurde der persönliche Geist erzeugt, berühmt in dieser Welt als Brahman.

Der Göttliche wohnte in diesem Ei ein Jahr lang; dann teilte er es durch seine Denkkraft in zwei Hälften.

Und aus diesen beiden Hälften bildete er Himmel und Erde, zwischen ihnen den Luftraum, und die acht Weltgegenden und den ewigen Aufenthalt der Wasser (das Meer).

Aus sich selbst ließ er die Denkkraft hervorgehen, die zugleich wirklich wie auch unwirklich ist, und aus der Denkkraft das Ich-Bewusstsein ...

Indische Kosmogonie nach dem Gesetzbuch des Manu I, 5-14

Die Weltschöpfung nach den Upanishaden

Die Upanishaden sind eine Sammlung von Lehrtexten aus der Zeit von 800–400 v. Chr. Sie sehen im Brahman das absolute, allem Seienden zugrunde liegende Prinzip als allumfassende, allwirkende, letztlich unbegreifbare, aber schaffenskräftige Weltseele, in der die Einzelseele (der Atman) aufgeht. Im nachfolgenden Text wird das Brahman mit der Sonne verglichen.

Die Sonne ist Brahman – das ist die Lehre. Eine Erklärung dazu: Im Anfang war die Welt nichtseiend. Sie wurde seiend. Sie entstand. Da entwickelte sich ein Ei. Es lag ein Jahr lang da. Es sprang entzwei. Die beiden Teile der Eierschale waren ein silberner und ein goldener.

Der silberne ist die Erde, der goldene ist der Himmel. Die äußere Eihaut sind die Berge, die innere Eihaut Wolken und Nebel. Die Äderchen sind die Flüsse, das Fruchtwasser der Ozean.

Chāndogya-Upanishad III, 19,1-2

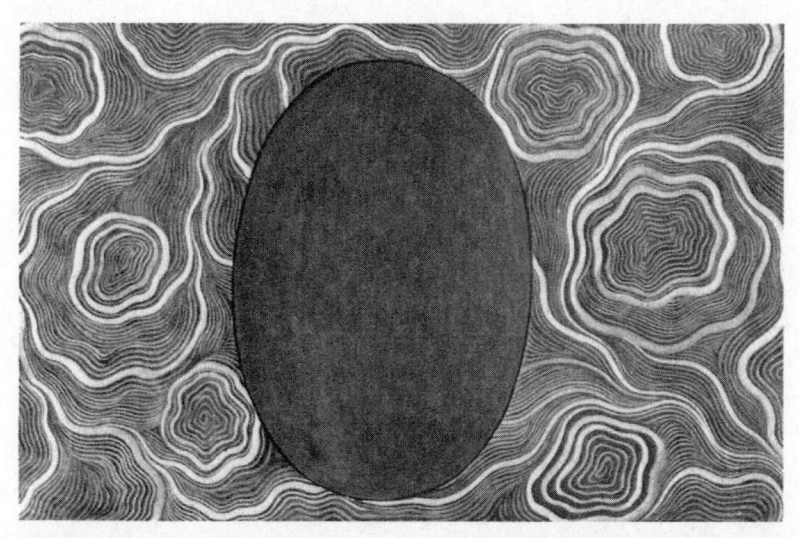

Das goldene Ei des Brahman, das in dem am Anfang formlosen Chaos die erste Form gewinnt und einen Kern zur Teilung der Schöpfungsbereiche bildet.
Tempera, Indien 18./19. Jahrhundert

Brahma – der Dreigestaltige

Die indische Religion kennt eine göttliche Dreigestalt. Der Schöpfergott Brahma (nicht immer streng zu unterscheiden von dem Brahman, der »Gottheit hinter den Göttern«) erscheint als Teil einer Götterdreiheit (Trimurti), die er zusammen mit dem Erhalter Vishnu und dem Zerstörer Shiva bildet. Für sein Schöpfungswerk zerteilt er sich in drei Farben. Das nachfolgende Gebet an Brahma sieht ihn darüber hinaus als den, der sich selbst erschuf, als Urkraft und Geist (anderenorts werden derartige Aussagen vom Brahman gemacht), als Opfernden, der zugleich das Opfer selbst ist. Ein Rätsel ist Brahma und dessen Entschleierung. Sucher ist er und der, den man sucht. Einen festen Ort hat er nicht und auch keinen festen Namen.
Erstaunlich ist in folgendem Text des indischen Dichters Kalidasa aus dem 4./5. Jahrhundert, wie viel Biblisch-Christliches anklingt: Gott ist die Dreieinigkeit. Gott war da vor der Schöpfung. Gott gibt sich selbst zum Opfer. Gott ist der Suchende und zugleich der Gesuchte:

Dir, dem Dreigestaltigen, bringen wir unsere Verehrung dar.
Du warst vor der Schöpfung der Welt die reine Einheit.
Du hast dein Wesen zerspalten zu deinem Werk.
Du hast dich entfaltet,
indem du in die drei Farben zerflossest.
Du allein erkennst, wer du bist.
Du allein schaffst dich selbst, allein durch dich selbst.
Als dasselbe Wesen, mit dir allein,
kehrst du am Abend des Weltenwerks in dich zurück.
Du bist die Urkraft, aus der die Natur hervorgeht.
Die Urkraft, die verwirklicht, was der Geist will.
Du bist der Geist auch, der in tatenloser Ruhe
dem Spiel der ewigen Urkraft zuschaut.
Du bringst selbst das Opfer dar. Du bist selbst das Opfer.
Du bist das große Rätsel, du bist seine Entschleierung.
Du bist der Sucher und der Gesuchte,
ortlos bist du und ohne Namen.

Kalidasa, 4. oder 5. Jahrhundert, indischer Dichter
Textfassung Jörg Zink

Zarathustra und der Schöpfergott Ahura Mazda

Zarathustra (altpersisch »der Kameltreiber«) war ein Priester und Prophet, der die Religion im alten Iran von Grund auf erneuerte. Seine Lebensdaten sind umstritten. Vermutlich lebte er von 638 bis 551 v. Chr. Andere setzen seine Zeit bereits um 1000 bzw. um 1200 v. Chr. an. Im 5./4. Jahrhundert (Griechenland erlebte seine klassische Hochblüte) waren Zarathustras Lehren, im persischen Reich der Achämeniden von König Darius I. (521–485) zur Staatsreligion erhoben, jedenfalls bereits weit verbreitet. Ein erstes Ende wurde dem Mazda-Glauben durch Alexander den Großen (Sieg über die Perser 333 v. Chr.) bereitet. Eine neue Blüte erlebte er ab 227 n. Chr. unter der Dynastie der Sassaniden. Danach aber verdrängten die Muslime die Zoroastrier (ab 642) nach Indien. Dort leben noch heute etwa 150 000 Parsen (Persier) vorwiegend in Bombay, Anhänger des innigen Glaubens an den großen guten Schöpfer Ahura Mazda, Anhänger Zarathustras.

Was Zarathustra verkündete, war ein Dualismus, der zwischen dem guten Gott Ahura Mazda (später Ohrmuzd) und Ahriman (auch Angra Mainyu), dem Inbegriff des Bösen – beide waren als Zwillinge vom zwiegeschlechtlichen Urgott Zurvan in der Ur-Leere hervorgebracht –, bestand. Nach Zarathustra hatte der Mensch die Aufgabe, mit Hilfe der Amesha Spentas, der »heilwirkenden Unsterblichen« (es waren die Engel Ahura Mazdas), sich in Denken, Rede und Handeln zum Guten zu bekennen. Gefährdet war er dabei durch Ahriman, der Begierde, Schmerz, Zweifel, Hunger, Armut, Seuchen, kurz alles Übel in die Welt brachte. In einem ewigen Kampf des Guten gegen das Böse, des Lichtes gegen die Finsternis rangen und ringen Ahura Mazda und Ahriman um die Seelen der Sterblichen, die sich, wenn auch gut geboren, frei zwischen Gut und Böse entscheiden können. Trotz aller Anstrengungen Ahura Mazdas vermag sich Ahriman mit seinem Gefolge von Teufeln (Devas) in der Welt zu behaupten. Erst in der Endzeit wird er besiegt werden.

Das Symbol des Ahura Mazda ist die geflügelte Sonne. In seinem Kult spielt das Feuer, das als Symbol der Gerechtigkeit und Wahrheit auf Feueraltären in Tempeln ständig brennt, eine große Rolle. Sein Schöpfungstext – in der Schöpfer-Geist-Verknüpfung erinnert er an das christliche »Komm Schöpfer, Geist« – stellt sich als eine Fragefolge von Zarathustra an Ahura Mazda dar. Er findet sich in der späteren Schriftsammlung der Avesta, dort in den Gāthās, den Verspredigten des Zarathustra, die als Schriftkomplex Yasna den Avestas eingefügt sind.

Zarathustra spricht:
Ich will reden. Hört und vernehmt es, die ihr von nah und
fern herbeikommt.
Ich will reden von den beiden Göttern zu Anfang des Lebens,

von denen der eine heilig, der andere böse war.
Ihre Gedanken, ihre Überzeugungen, ihre Seelen stimmten
nicht überein.

Ich will reden von den Anfängen des Lebens, von den
Dingen, die Ahura Mazda,
der »weise Herr«, mir gesagt hat, er, der alles weiß.
Er, Ahura Mazda, gibt Heil oder Verdammnis allen, die leben.
Die Rechtgläubigen werden belohnt mit Unsterblichkeit.
Die Bösen erwartet ewige Qual.

Ich frage dich, Ahura Mazda. Gib mir sichere Antwort!
Wer hat das Recht erschaffen, die rechte Ordnung?
Wer bestimmte den Weg von Sonne und Sternen?
Durch wen nimmt er zu, der Mond? Durch wen nimmt er ab?
Ich frage dich, Ahura Mazda. Gib mir sichere Antwort!
Wer hält die Erde unten, das Himmelsgewölbe oben?
Wer erschuf die Gewässer, die Pflanzen?
Wer spannte an Wind und Wolken das Zwiegespann?
Warst du es, Ahura Mazda?

Ich frage dich, Ahura Mazda. Gib mir sichere Antwort!
Wer schuf, gutschaffend, das Licht und das Dunkel?
Wer schuf, gutschaffend, Schlaf und Wachsein?
Wer schuf den Morgen, den Mittag, die Nacht?
Wer mahnte den Menschen an seine Pflicht?

Ich frage dich, Ahura Mazda. Gib mir sichere Antwort!
Ist es Wahrheit, was ich von dir sage?
Hilft die Ergebenheit dem Recht?
Baut gutes Denken dir dein Reich?

Ich frage dich, Ahura Mazda. Gib mir sichere Antwort!
Wer schuf Ergebenheit und Recht?
Wer machte den Sohn dem Vater ergeben?
Ich will doch alles von dir erkennen.
Du aber kennst alles, du Schöpfer der Dinge.
Dein heiliger Geist hat alles erschaffen.
Und so ist es geworden.

Du füllst die Räume mit deinem Licht.
Der Geist ist eins mit dir.
Ich erkannte dich durch deinen Geist.
Du bist der wirkliche Schöpfer.
Uranfänglich hast du das Leben erschaffen,
den Willen und das Gewissen.
Du gabst der Seele den Körper des Menschen.
So kann er jetzt frei entscheiden.
Du bist unser Lehrer in rechten Dingen.
Du machst die Wissenden reden.

Aus Yasna 31 und 44-45

Der zweigeschlechtliche Urgott Zurvan im Persien Zarathustras gebiert links Ohrmuzd (Ahura Mazda), die Verkörperung von Wahrheit und Licht, und rechts Ahriman, der für alles Böse in der Welt steht. Zurvan muss beide Söhne annehmen, denn Gut und Böse werden sich in unablässigem Widerstreit befinden – bis endlich das Gute siegt.
Silberplatte aus Luristan, 8. Jahrhundert n. Chr. Art Museum, Cincinnati (USA).

Atum – Schöpfergott von Heliopolis

Aus dem alten Ägypten kennen wir keinen chronologisch geordneten Schöpfungsmythos. Die lange, bewegte Geschichte der pharaonischen Religion hat jeweils an den Zentren des Reiches eigene Traditionen entstehen lassen. Doch gibt es, wie die nachfolgenden Schöpfungstexte (Atum – Heliopolis; Amun – Hermopolis/Theben; Ptah – Memphis; Chnum – Esna) erweisen werden, viele Übereinstimmungen. Vieles ist über die Jahrtausende hinweg ineinandergeflossen; vieles erscheint in variierter Form neu.

Aus dem Alten Reich (2686–2181) sind Pyramidentexte, aus dem Mittleren Reich (2060–1782) Sargtexte erhalten, die neben magischen und rituellen Sprüchen, mit denen die Könige ihren Status im Jenseits sichern wollten, wertvolle Hinweise auf die Natur des Schöpfungsgottes von Heliopolis geben. In seiner Darstellungsform ist Atum ein Mann mit Widderkopf, während der Sonnengott Re, dem er sich später zuordnet, als reine Sonne oder als Mann mit Falkenkopf, von der Sonnenscheibe gekrönt, erscheint.

Im Uranfang ist Nun, das dunkle Urgewässer.
Nun ist das Nichts und doch voller Kraft.
Nun hat sich selbst erschaffen.
Im Nun birgt sich Atum.
Atum ist allein.
Er hat weder Vater noch Mutter.
Da ist kein Ort, wo er stehen kann,
kein Ort, wo er sitzen kann.
Regungslos treibt er dahin.
Dann aber geschieht es:
Atum kommt zu sich.
Er wandelt sich.
Er geht aus sich selbst hervor.
Dem Urgewässer entsteigt er.
Ein Urhügel wölbt sich empor.
Atum ist auf dem Urhügel.
Neu ist Atum erschienen.
Und er erschafft das Licht,
den Anbruch des Tages.
Die Sonne entsteigt dem Urgewässer.

Die Kosmogonie von Heliopolis verzeichnet die dreifache Identität von Re-Atum-Chepre. Chepre – Symbol der Skarabäus – ist die aufgehende Sonne. Re – Sonnensymbol – ist die Mittagssonne im Zenit. Atum – Mann mit dem Widderkopf – ist die untergehende Sonne des Abends.

Darstellung aus dem Grab Sethos' II. (Grab 15). Tal der Könige West-Theben (Neues Reich).

Atum ist der Herr des Lichts.
Er heißt jetzt Atum-Re.
Zwei Kinder gehen aus von Atum,
Schu, das Leben, der Mann,
Tefnet, die Ordnung, die Frau.
Atum hat sie ausgespien.
Untrennbar sind sie mit ihm verbunden.
Atum ist Re. Re ist die Sonne.
Die Sonne läuft ihre Bahn.
Der Kosmos entsteht. Das Leben entsteht.
Es entsteht die Zeit, die im Kreis läuft.
Schu ist die Luft aus Atums Mund.
Schu schafft Raum für Leben.
Schu und Tefnet verbinden sich.
Nut, der Himmel, ist ihre Tochter.
Geb, die Erde, ist ihr Sohn.
Und Nut und Geb verbinden sich:
Nut gebiert vier Kinder:
Isis und Osiris, Seth und Nephthys.
Alle sind Götter.
Bei Tag zieht die Sonne über Nut.
Sie erhellt die Welt mit ihren Strahlen.
Bei Nacht wird die Sonne von Nut
verschlungen
und am Morgen wiedergeboren.
Re fährt in der Tagesbarke.
Am Mittag steht er im Zenit.
Re fährt in die Dämmerung.
Am Abend ist er Atum.
Re fährt in der Barke der Nacht.
Am Morgen ist er Chepre.

Nut hat ihre vier Kinder geboren.
Auf Geb, ihrem Mann, liegt ihr Leib.
Doch Atum gibt Befehl an Schu:
»Trenne Nut von Geb!«

Re, der falkenköpfige Sonnen- und Schöpfergott, mit dem Uas-Zepter in der Rechten und dem Lebenskreuz in der Linken.

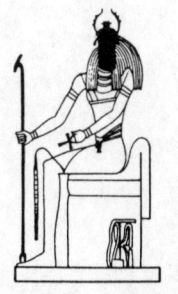

Chepre, der Ur- und Sonnengott, mit dem Käferkopf und ebenfalls dem Uas-Zepter in der Rechten und dem Lebenskreuz in der Linken.

Und Schu hebt den Himmel über die Erde.
Er stemmt sich zwischen die beiden.
Er hält die beiden auseinander:
Oben ist Nut. Unten ist Geb.

Und Atum vergießt von seinem Schweiß.
Da entstehen andere Götter.
Und Atum vergießt von seinen Tränen.
Da entstehen die Menschen der Welt.

Aus Atums Herzen kommt das Wort.
Und Atum erschafft die Namen.
Und Atum gibt den Menschen das Wort.
Da haben die Menschen die Sprache.

Der widderköpfige Gott Atum (doppelt, links und rechts) unterstützt den Luftgott Schu, der seine Tochter Nut, die Himmelsgöttin, über ihren Bruder Geb, die Erde, emporhebt und so der Welt ihre Gestalt gibt. Die mythische Trennung von Himmel und Erde war *eine* der ägyptischen Erklärungen für den Anfang allen Seins.
Aus dem Greenfield-Papyrus, British Museum, London

Hymnus auf den Weltschöpfer Amun

Amun (»der Verborgene«, auch Tenen genannt) ist ein urzeitlicher Schöpfergott, der aus dem Urozean hervorgeht, der sich selbst aus einem Ei erschafft, der andere Gottheiten hervorbringt, der, in Theben zunächst Lokalgott, später, als Theben Hauptstadt wird, zum Reichsgott aufsteigt. Während der 12. Dynastie (Mittleres Reich) wird er zum unbestrittenen Herrn des ägyptischen Pantheons. »Herr der beiden Throne der Länder« wird er fortan genannt. Mächtig ist seine Priesterschaft. Generationen von Pharaonen bauen an seinem riesigen Tempel in Karnak. Mit dem Sonnengott Re verbindet er sich zu Amun-Re. Später tritt Ptah hinzu, so dass eine Göttertrias entsteht. Nach Amun nennen sich die Pharaonen der 18. Dynastie Amenhotep (= »Amun ist zufrieden«). Griechisch lautet Amenhotep »Amenophis«. Der Pharao ist jetzt fleischgewordener Sohn des Amun. Das gibt ihm als Repräsentant der Götter eine erhabene Rolle auf Erden. Wenn Amun auch »der Verborgene« genannt wird, so heißt das, seine eigentliche Natur entzieht sich dem Verstehen. Niemand vermag das innerste Wesen dieses Götterkönigs zu begreifen.

Dargestellt ist Amun zumeist in Menschengestalt mit hoher Federkrone, seltener als Widder mit gewundenen Hörnern. Die Hymne an ihn wurde im 15. Jahrhundert v. Chr. niedergeschrieben. Ähnlichkeiten mit dem Schöpfungsmythos der Atum sind unverkennbar.

Der zuerst im Uranfang entstand,
das ist Amun, der Ersterstandene,
dessen Gestalt niemand kennt.
Kein Gott entstand vor ihm ...
Er hatte keine Mutter,
ihn beim Namen zu rufen,
keinen Vater, der ihn zeugte.
Der sein Ei selbst bildete,
eine Macht von geheimer Abkunft,
der seine Schönheit selbst schuf,
der göttliche Erste, der von selbst entstand,
das ist Amun.
Alle anderen Götter entstanden,
nachdem er mit sich selbst den Anfang gesetzt!

Er begann zu sprechen
inmitten des Schweigens.
Er öffnete die Augen

und machte sich sehend.
Er begann zu rufen,
als die Erde noch ohne Lebenskraft war.
Sein Ruf erschallte,
als außer ihm noch niemand war.
Er brachte Geschöpfe zur Welt
und bewirkte, dass sie leben.
Er bewirkte, dass alle Menschen
einen Weg wissen, den sie gehen,
und dass ihr Herz lebt,
wenn sie ihn sehen...

Man nennt ihn auch Tenen, den Amun,
der aus dem Ur-Ozean hervorging,
dass er die Menschen leite.
Die Acht sind eine andere Gestalt von ihm,
dem Erzeuger des Urzeitlichen,
der den Re geboren werden ließ,
dass er sich vollende als Atum,
eines Körpers mit ihm.
Er ist der Allherr,
der alles Vorhandene begann.

Er ist zu geheimnisvoll,
als dass man sein Wirken aufdecken kann.
Er ist zu groß,
als dass man ihn erforschen kann,
und zu mächtig,
als dass man ihn kennen kann.
Man stürzt auf der Stelle
in einen gewaltsamen Tod,
wenn man seinen geheimen Namen ausruft,
den man nicht kennen darf.
Es gibt keinen Gott,
der ihn damit anruft,
den Gewaltigen mit dem verborgenen Namen,
so geheim ist er.

Der Schöpfergott Amun mit dem Kopfschmuck aus zwei langen Federn trägt in der Rechten das Uas-Zepter, Symbol göttlicher Herkunft, in der Linken das Lebenskreuz (Ankh-Kreuz), das, da es Macht über Leben und Tod verleiht, nur den Göttern und den Pharaonen vorbehalten ist.

Hymnus auf den Weltschöpfer Ptah

Jede der heiligen ägyptischen Städte versah die Schöpfung mit einer eigenen Akzentsetzung. Ptah, der Stadtgott von Memphis im Norden, der Krönungsstadt der Pharaonen, war ursprünglich ein Fruchtbarkeitsgott. Später sah man ihn als Weltenschöpfer. Im 3. Jahrtausend v. Chr. nahm er in der göttlichen Hierarchie neben Amun, dem urzeitlichen Schöpfergott von Theben, und Re, der höchsten Manifestation des Sonnengottes, den 3. Rang ein. Was Ptah erdachte, trat durch die Kraft seiner Worte ins Leben. Als Allgott durchwaltete er die Welt, kümmerte sich um Tod und Leben. Ptah war der Urheber der Künste, Konstrukteur von weltlichen Bauten und Tempeln und als solcher Schutzgott der Handwerker. Seine irdische Inkarnation war der Apis-Stier. Unter dem Namen Ptah-Tatenen verkörperte er auch den Gott Tatenen = »die Erde, die sich hebt«.
Ägyptische Titulaturen aus dem 3.–1. Jahrhundert v. Chr. bezeichnen Ptah als den, der vor der Entstehung von Himmel und Erde aus dem Nun, dem Urgewässer, gekommen war, als den, der aus sich selbst entstand, der die anderen Götter in sich trug, bildete und erzeugte. So gilt z. B. der Gott Thot, der den Menschen die Kunst des Schreibens vermittelte, als eine Emanation des Gottes Ptah.
Der Text wurde nach 1400 v. Chr. verfasst. Überliefert ist er in einer Handschrift aus der Zeit Ramses IX. um 1100 v. Chr.

Gegrüßt seist du, o Ptah, angesichts deiner Urgötter,
die du gemacht hast, nachdem du entstanden warest als Gott,
Leib, der seinen Leib selbst gebaut hat,
bevor der Himmel entstand, bevor die Erde entstand,
als die wachsende Flut noch nicht anstieg.
Du hast die Erde geknotet.
Du hast dein Fleisch zusammengefügt.
Du hast deine Glieder gezählt.
Du hast dich als Einziger gefunden, der seine Stätte geschaffen hat,
du Gott, der die beiden Länder[1] geformt hat.
Du hast keinen Vater, der dich gezeugt hat, als du entstandest.
Du hast keine Mutter, die dich geboren hat,
du, dein eigener Bildner,
du, Gerüsteter, der gerüstet hervorkam!
Du bist aufgestanden auf dem Lande während seiner Müdigkeit,

1 Ober- und Unterägypten

in dem du warst in deiner Gestalt des,
der-die-Erde-hebt (des Ta-tenen),
in deinem Wesen des Zusammenfügers der beiden Länder.
Was dein Mund gezeugt hat und deine Hände geschaffen haben,
du hast es aus dem Urwasser herausgenommen.
Das Werk deiner Hände ist deiner Schönheit angeglichen.
Du hast die Dunkelheit und Finsternis vertrieben
durch die Strahlen deines Augenpaars.

Hier schließt sich wie eine Fortsetzung eine Hymne an Ptah aus der 18. Dynastie, in der auch die Erschaffung der Tiere berücksichtigt wird, an:

Du hast die Erde geschaffen
nach deinem Wunsche
mit Menschen,
allem Großvieh und Kleinvieh,
mit allem, was auf der Erde ist
und auf seinen Füßen geht,
was in der Höhe ist
und mit seinen Flügeln fliegt.
Du Einziger,
der das Kraut für die Herden schuf
und den Fruchtbaum für
den Menschen,
der hervorbringt,
wovon die Fische leben im Strom
und die Vögel am Himmel.

Der Schöpfergott Ptah wird immer in einer Mumienhülle und mit eng anliegender Kappe auf dem Kopf dargestellt. In seinen Händen hält er Krummstab und Geißel, sowie das Uas-Zepter mit dem Djed-Pfeiler, Symbol für Dauer und Stabilität.

Das Schöpfungslied des Pharao Echnaton

Pharao Amenophis IV. (Regierungszeit ca. 1365–1350), der sich Echnaton (»er gefällt dem Aton«) nannte, verheiratet mit der schönen Nofretete, erhob in einer revolutionären religiösen Reform den Sonnengott Aton zum alleinigen Schöpfergott Ägyptens. In seiner neuerbauten Stadt Achet-Aton (»Lichtland des Aton«) in Mittelägypten (heute El Amarna) mit ihren riesigen Tempeln zwang er das Volk zur Sonnenverehrung. Die alten Götter und ihre Priester wurden gewaltsam verfolgt und unterdrückt. Alle Götternamen auf Denkmälern wurden getilgt. Nach Echnatons Tod aber verfielen Stadt und Kult, wenn man auch Aton als Gottheit beließ, rasch. Man kehrte zur alten Göttervielfalt unter der Herrschaft Amuns zurück. Echnaton indes wurde zum »Ketzer«. Was Pharao Echnaton aber in der Weltliteratur berühmt und damit unsterblich gemacht hat, ist sein einzigartiges Schöpfungs-Sonnenlied. In Psalm 104 finden sich Parallelen dazu.

Schön erscheinst du im Lichtort des Himmels,
du große Sonne des Lebens.
Im Osten bist du aufgegangen.
Alles erfüllst du vollkommen.
Schimmernd bist du und voller Glanz.
Deine Strahlen umarmen die Länder.
Du leuchtest für Echnaton, deinen Sohn.
Du erreichst die Enden der Erde.
Du bist im Angesicht des Menschen.
Doch er ergründet dich nicht.
Gehst du zur Ruhe fern im Westen,
die Erde wird dunkel und tot,
Im Morgengrauen erhebst du dich wieder.
Die Finsternis ist vertrieben.
Die Menschen erwachen. Sie stehen auf.
Sie waschen sich, nehmen die Kleider.
Und dann erheben sie die Hände,
all deine Herrlichkeit zu preisen.

Das Vieh ist zufrieden mit dem Futter.
Bäume und Kräuter grünen.
Die Vögel kommen aus ihren Nestern.
Mit ihrem Fluge preisen sie dich.

Fröhlich laufen die Tiere umher.
Für alle bist du aufgegangen.
Auch für die Fische im tiefen Meer.
Deine Strahlen dringen hinab.
Stromauf und stromab fahren viele Schiffe.
Und alle Wege sind frei.

Die Frucht im Leibe der Frau lässt du wachsen.
Den Samen der Männer bereitest du.
Und verlässt das Kind den Leib der Mutter,
du machst, dass es atmet und spricht.
In der Schale das Küken hat Luft von dir.
Du gibst ihm Kraft, die Hülle zu sprengen.

Wie zahlreich sind doch deine Werke,
den Blicken der Menschen verborgen.
Es gibt nur dich, nur den einen Gott.
Und außer dir gibt es keinen.
Du machst die Erde nach deinem Gefallen.
Du füllst sie mit Menschen, mit Vögeln, Getier.
Jedes bringst du an seinen Platz.
Du gibst ihm Speise, dass es lebt.

Ferne Länder hast du geschaffen.
Du schufst das Land Ägypten.
Haut und Sprache sind verschieden.
Verschieden schufst du die Völker.
Du Sonne des Tages, groß an Ansehn,
für jedes Land gehst du auf.
Auch für die fremden Länder der Ferne.
Du gibst ihnen Wasser vom Himmel.
Du holst den Nil aus der Unterwelt.
Du führst ihn herbei, wie du es willst.
Du ernährst die Menschen an seinen Ufern.
Ihnen allen bist du der Herr.

Leuchtest du auf, so kann alles gedeihen.
Fruchtbar wird jedes Feld.

Pharao Echnaton mit seiner Familie opfert dem Sonnengott Aton, dessen Strahlen in Händen enden.

Du hast alle Jahreszeiten geschaffen.
Alles willst du erhalten,
den Winter in seiner schönen Kühle,
den Sommer in seiner Glut.
Weit vom Himmel her leuchtest du auf,
zu sehen, was du gemacht hast.

Ich, Echnaton, ich kenne dich.
Du bist in meinem Herzen.
Ich lebe von dir, von deiner Wahrheit,
ich, der Herr der Länder.
Und mit mir die Königin Nofretete,
die jung ist und schön auf immer.

Leuchtest du auf, so leben die Menschen.
Gehst du unter, so sterben sie.
Du selber bist die Lebenszeit.
Alles lebt durch dich.
Alle sehen deine Schönheit,
bist du untergehst.
Leuchtest du auf, so wird alles neu.
Du schaffst alles neu.
Du, Sonne, bist ewig.

Der Chnum-Schöpfungshymnus

Gut lesbar ist ein aus drei Einzeltexten zusammengesetzter synkretistischer Schöpfungshymnus des Tempels von Esna in Oberägypten, der als der jüngste der pharaonischen Kultur aus dem 2. Jahrhundert n. Chr., also einer Zeit, da Ägypten unter Trajan und Hadrian römische Provinz war, stammt. In diesem Text wird der Schöpfergott Chnum-Re – Chnum wurde später mit dem Sonnengott Re von Heliopolis zusammengeschaut – hymnisch angerufen, und zwar in doppelter Funktion: einmal als Re, zum andern als Chnum, der große Töpfer, der herrscherlich Land, Götter, Menschen und Tiere auf seiner Töpferscheibe formt. Zu Anbeginn der Zeit entstand auf dieser Töpferscheibe das kosmische Ei, dem die Sonne entsprang.
Chnum legt alljährlich die Menge des vom Nil mitgeführten fruchtbaren Schlammes fest. Der zeugungskräftige Widdergott – er erscheint als Widder oder als Mann mit Widderkopf – wird auch als Chnum-Schu (Schu =»die lichterfüllte Luft«), bzw. mit dem Beinamen »Heh« (=»unendlicher Raum«), bzw. mit dem Beinamen Tenen (=»der die Erde erhebt«) angesprochen.
Die Einzeltexte des Chnum-Hymnus sind in die Säulen des Tempels von Esna eingemeißelt. Sie wurden täglich bei Sonnenaufgang von den Priestern rezitiert.

Gruß dir, Chnum-Re, Herr von Esna,
der du die Urgötter zur Welt brachtest,
großer Gott, der du ganz zu Anfang entstandest,
herrlicher Widder vom Ersten Mal.[1]

Er erhob den Himmel.
Er erhob das Himmelsgewölbe und
leuchtete dort unter der Gestalt des Schu,
dort ließ er die Seele der Götter wohnen.
Er breitete die Erde aus auf ihrem Fundament
und beleuchtete die beiden Länder mit seinem Auge ...

Bildner der Bildner,
Vater der Väter, Mutter der Mütter,
der die Wesen von oben machte und die Wesen von unten erschuf,
der heilige Widder, der die Widder machte,

---

1 Das »Erste Mal« ist der Zeitpunkt, da die Sonne dem kosmischen Ei entsprang und damit die gegenwärtige Welt endgültig vom Urchaos schied. Dieses »Erste Mal« wiederholt sich täglich beim morgendlichen Aufgang der Sonne (des Sonnengottes).

Chnum, der die Chnumgötter machte,
mit kraftvoller Hand, unermüdlich,
so das es keine Arbeit gibt, die ohne ihn vollbracht wird.
Er machte die Städte, trennte die Landschaften,
schuf die beiden Länder (Ober- und Unterägypten),
befestigte die Berge.
Er hat die Menschen auf der Töpferscheibe gebildet.
Er hat die Götter gezeugt, die Erde zu bevölkern,
und den Kreis des Weltozeans.
Er kommt zur rechten Zeit, um allen Leben zu spenden,
die auf seiner Scheibe entstanden.
Er macht das Kraut, um alle Tiere zu erhalten,
und den Lebensbaum für die Lebendigen.
Er hat den Himmel gemacht bis zum heutigen Tage,
der vollkommene Gott aus unvordenklichen Zeiten,
der von der Frühe an am Himmel einherfährt und das Land
mit seinen Wohltaten erfüllt.
Schicksal und Unterhalt der Kinder stehn ihm zu Diensten;
Wasser und Wind stehn ihm zu Diensten;
und was aus seinem Munde hervorgeht, leidet keinen Verzug.
Er ist der Urheber von allem,
denn es ist kein Werk, bei dem er fehlte.

Du bist der Meister der Töpferscheibe, dem es gefällt,
auf der Scheibe zu bilden,
der wohltätige Gott, der das Land belebt,
der die Keime der Erde (miteinander) in Berührung bringt.

Du hast (die Götter) erschaffen,
Kleinvieh und Großvieh hast du gestaltet,
alles hast du auf deiner Scheibe gebildet, täglich,
in deinem Namen Chnum, der Töpfer.
Du bist der viel geliebte Widder, der schuf, was ist
und noch nicht ist,
der die Götter zur Welt brachte, die Göttinnen zeugte.
Du bist der ehrwürdige Gott, der im Anfang entstand,
der geheimnisvolle Gott, dessen Gestalt man nicht kennt.

Du kamst aus dem Nun, dem Urozean,
erschienst mit der (Sonnen-)Flamme;
der Nil fließt aus den beiden Höhlen unter deinen Füßen hervor.
Ihm entströmt der sanfte Hauch des Nordwinds
für die Nasen der Götter und Menschen.

Du bist Tenen, »der die Erde erhebt«, erhabener als alle Götter.
Deine Tat hat das Land belebt.
Die Scheibe ist von dir.
Deine beiden Hände sind gerade beim Gestalten.
Deine Finger lösen die Glieder (von der Masse des Stoffes).

Der widderköpfige Schöpfergott Chnum formt den Pharao Amenophis III. und dessen Ka (= Lebensgeist, Seele) auf seiner Töpferscheibe, während ihm die Göttin Hathor das Lebenskreuz überreicht.

Der griechische Weltentstehungsmythos des Hesiod

Der griechische Dichter Hesiod aus Askra in Böotien, in seiner Jugend Hirte, schuf um 700 v. Chr. in 1022 Versen eine »Theogonie« (= mythischer Bericht über die Herkunft der Götter), die in kraftvoll rhythmischem Stil die Weltentstehung und den Ursprung der Götter beschreibt.

Am Anfang treten spontan Chaos (Personifikation des leeren Raumes), Gaia (Erde, Personifikation der großen Mutter), Tartaros (die Unterwelt) und Eros (die mächtige Kraft der Liebe) in Erscheinung. Chaos erzeugt mit sich allein Nyx (Nacht), die das Licht entstehen lässt. Die Erde gebiert aus sich selbst den Himmel (personifiziert in Uranos) und das dunkle Meer (personifiziert in Pontos). Aus Gaias Verbindung mit Uranos gehen die Titanen hervor. Diese und andere Kinder der Gaia lassen in unerschöpflicher Fruchtbarkeit die Geschlechter der Götter entstehen, die dann miteinander kämpfen.

»Das Auffälligste an diesem archaischen Mythos ist der furchtbare, mit zügelloser Gewalt geführte Kampf der göttlichen Mächte: allüberall Kindermord, Inzest, Kastration, Zerstörung und Verrat. Der Götterkampf ist großartig primitiv. Der weise und gerechte Zeus geht als Sieger daraus hervor« (Barbara Sproul).

Zuallererst war Chaos da. Es war der leere Raum. Und dann war da Gaia, die Urmutter Erde. Und dann war da Tartaros, der Abgrund. Und dann war da Eros, die Kraft der Liebe. Eros wirkt auf ewig. Und aus dem Chaos ging Dunkel hervor. Und dann erschien das Licht.

Und Gaia erzeugte Himmel und Erde; der Himmel war Uranos. Und Gaia verband sich mit Uranos. Und da entstanden die zwölf Titanen.

Einer der Titanen war Kronos. Und Rhea war seine Schwester. Auch Okeanos war ein Titan, das tiefe, strömende Meer.

Und Gaia verband sich mit Himmel und Meer. Und sie gebar die Kyklopen. Das waren Riesen. Die waren furchtbar. Die hatten nur ein Auge. Und Gaia gebar noch andere Riesen. Die hatten jeder hundert Arme.

Uranos fürchtete die Kyklopen und die hundertarmigen Riesen. Er dachte: Die wollen meine Herrschaft. Er fühlte sich bedroht. Da verbannte er sie in den Tartaros, in den dunklen, tiefen Abgrund.

Gaia war voller Zorn darüber. Sie rief ihre Kinder, die Titanen: »Hört mich! Euer Vater ist grausam. Wir müssen uns rächen an ihm!« Und Gaia ließ in sich Eisen wachsen. Und sie fertigte eine scharfe Sichel. Kronos wollte der Mutter helfen. Kronos hasste den Vater.

Rhea bietet Kronos den in Windeln gewickelten Stein. Marmorrelief der klassischen Periode, Griechenland, um 400 v. Chr.

Es geschah in der Nacht. Uranos kam. Er wollte mit Gaia schlafen. Aber da war Kronos. Er kam mit der Sichel. Und er entmannte den Vater. Und aus dem Blut: Erynnien kamen, Göttinnen der Rache. Giganten kamen aus dem Blut, neue schreckliche Riesen. Der Same aber floss ins Meer. Und da kam weißer Schaum. Da wurde Aphrodite geboren. Sie war die schönste Göttin.

Uranos aber schrie vor Schmerz. Und er verfluchte Kronos: »Auch dir wird einstmals dasselbe geschehen!« Und dann war Uranos tot.

Kronos hatte jetzt große Angst. Rhea war seine Frau. Und immer, wenn Rhea Kinder gebar – Kronos verschluckte sie. Er dachte: Dann können sie mir nichts antun. Dann bleibe ich verschont. So verschlang er Hera und Hestia und Hades und Poseidon.

Und wieder sollte Rhea gebären. Sie wollte es retten, das Kind. Sie versteckte sich auf der Insel Kreta. Dort wurde Zeus geboren. Und Rhea verbarg ihn in einer Höhle. So rettete sie ihn. Eine göttliche Ziege gab ihm Milch. Die Bienen der Berge brachten ihm Honig.

Rhea aber kam zu Kronos mit einem eingewickelten Stein. Kronos dachte: Das ist das Kind. Und er verschlang das Bündel.

Aber dann, als Zeus erwachsen war, da trat er hin vor Kronos: »Spucke sie alle wieder aus!« Und Kronos würgte und spuckte. Alle würgte er wieder hervor von Hera bis Poseidon.

Und Zeus begann den Kampf gegen Kronos und dessen Brüder, die Titanen. Mit den Kyklopen zog er heran und mit den hundertarmigen Riesen. Er hatte sie aus dem Abgrund befreit, aus dem finsteren Tartaros. Furchtbar war die große Schlacht. Zehn Jahre dauerte sie. Zeus schleuderte die Donnerkeile, von den Kyklopen geschmiedet. Zeus wurde Sieger über Kronos. Und er entmannte ihn.

Kronos war tot. Zeus war jetzt Herrscher. Er war der erste der Götter. Er teilte die Herrschaft mit seinen Brüdern, den anderen Kindern der Rhea. Hades bekam die Unterwelt. Poseidon bekam das Meer.

Zeus war weise und gerecht. Er wohnte jetzt auf dem Olymp.

Prometheus erschafft die Menschen

Nach jüngerer griechischer Überlieferung erschuf Prometheus, Sohn des Titanen Japetos und der Okeanide Klymene, nach seinem und der Götter Ebenbild den ersten Menschen, indem er ihn mit seinen geschickten Händen aus Lehm und Wasser formte – dies ohne Zweifel seine bedeutendste Tat. Athene schenkte dem neugeschaffenen Wesen dann menschlichen Geist und menschliche Sprache.
Prometheus (griechisch »der Vorausdenkende«) wird zum Wohltäter der sich ausbreitenden Menschheit. Als er Zeus zugunsten der Menschen zu betrügen versucht, entzieht der Göttervater der Menschheit das Feuer. Prometheus holt es aus der Götterwelt zurück und bringt es heimlich wieder auf die Erde. Dafür lässt Zeus ihn an einen Felsen des Kaukasus schmieden und einen Adler täglich von seiner Leber, die nachts immer wieder nachwächst, fressen. Erst als der Heros Herakles den Adler tötet, wird Prometheus von seinen unsäglichen Leiden schließlich erlöst.

So war nun die Welt geschaffen. Himmel und Erde hatten darin ein festes Gefüge, und das Meer war in seine Ufer gewiesen. Allerlei Getier bevölkerte den Erdraum; in den Wellen tummelten sich die Fische, in den Lüften die Vögel, und über den Erdboden hin eilten leichtfüßige Tiere aller Art. Aber noch fehlte es an dem Geschöpf, das berufen war, mit seinem Geist die weite Welt zu beherrschen.

Da betrat Prometheus die Erde.

Er war ein Enkel des Uranos, des Himmelsgottes, und Sohn des Titanen Japetos. Prometheus, der seines Vaters erfindungsreiche Klugheit geerbt hatte, wusste von dem göttlichen Samen, der im Boden ruhte. Er nahm Erdenton und formte aus ihm nach dem Ebenbild der Götter eine Gestalt. In die Brust schloss er ihr gute wie böse Eigenschaften ein, die er den Seelen aller Lebewesen dieser Erde entnommen hatte, und formte daraus die menschliche Seele. Die Göttin Pallas Athene, seine himmlische Freundin, die sein Werk mit Bewunderung betrachtete, blies dem beseelten Erdenkloß ihren Atem ein und gab dem Menschen damit den Geist.

So entstanden die ersten Menschen.

Gar bald füllten sie in unendlicher Vielzahl das Erdenrund. Doch was nützte ihnen der herrliche Bau ihrer Glieder, was der göttliche Funke, wenn sie nicht die himmlischen Gaben wohl zu verwenden verstanden? Sie lebten wie im Traum dahin, denn nicht des Gehörs noch des Gesichts wussten sie sich zu bedienen. Ohne Plan war, was sie taten, denn was ahnten sie vom Lauf der Sterne, von den Jahreszeiten, was von der Kunst des Häuserbauens? Und was wussten sie von der segensreichen Macht des Feuers?

Da wurde nun Prometheus zum Lehrmeister seiner Geschöpfe: Er lehrte sie den rechten Gebrauch aller Gaben der Himmlischen, lehrte sie sehen und hören, nach dem Wandel der Gestirne den Tag einteilen und den Jahresablauf in der ewig wechselnden Schönheit seiner Zeiten erleben. Nun lernten sie, sich die Tiere zu dienstbaren Helfern zu machen und mit Schiffen das Meer zu befahren. Sie verstanden Steine und Ziegel zu bereiten, das Holz zu behauen und feste Häuser zu errichten. Nur eines fehlte den Menschen: das Feuer.

Die Götter, voran der gewaltige Zeus, hatten von den Menschen Anerkennung ihrer Herrschaft und Verehrung für den Schutz verlangt, den sie den Erdensöhnen gewährten. Die Menschen waren zu solchem Dienst bereit und Prometheus wurde von ihnen geschickt, mit den Göttern zu verhandeln. Aber in törichter Vermessenheit versuchte er Zeus selbst, den Allwissenden, zu täuschen, und so versagte der Weltenbeherrscher den Menschen die göttliche Gabe des Feuers.

Doch auch hier wusste der kluge Titanensohn Abhilfe. Er näherte sich mit einem leicht entzündbaren Riesenhalm dem vorüberfahrenden Wagen des Sonnengottes Helios, entnahm ihm den Feuerbrand und eilte mit dieser Fackel zur Erde, den Menschen das Feuer zu bringen. Allüberall flammten die Holzstöße auf: Der Mensch besaß jetzt die wohltätige, segensreiche Kraft des Feuers.

Richard Carstensen

Die Schöpfung in christlicher Sicht: Hildegard von Bingens Schau des Weltalls als Schöpfung Gottes.

In der Deutung dieser Schau sagt Hildegard selbst: »Gott, der das All durch seinen Willen ins Dasein rief, hat jegliches erschaffen, damit sein Name erkannt und geehrt werde. Aber nicht das Sichtbare und Zeitliche allein tut er durch seine Schöpfung kund, sondern auch das Unsichtbare und Ewige.«
Die bildliche Nachgestaltung dieser Schau der großen Seherin des 12. Jahrhunderts entstand unter Hildegards Anleitung um 1165 als Miniatur in der Schreibstube des Klosters Rupertsberg in Bingen. Das auf den ersten Blick verwirrende Bild enthüllt bei genauerem Hinsehen eine klare kosmische Vision.
Auf ein mehrfach gestuftes Rahmenfeld gelegt, spitzt eine äußere Flammenzone sich nach oben hin eiförmig zu. Es ist für Hildegard die äußere Weltschicht, eingelagert darin die Sonne (als großer rotweißer Stern oben) mit drei Planeten (Sterne über dem Sonnenstern), deren Aufgabe es ist, die Sonne zu umhegen, zu lenken und zu erhalten, dass sie der ganzen Welt das rechte Maß ihrer Wärme und ihres Glaubens spende. Aus dieser Zone geht rechts ein Wind mit seinen Wirbeln ab, dargestellt durch drei rote Köpfe, die ihren Hauch ausblasen. Es ist der Südwind.
Der Flammenzone unterlagert – von außen nach innen hin müssen wir gleichsam wie durch Sphären hindurch in die Tiefe gehen – ist eine dunkle Zone mit Gebilden ringsherum, die kleinen weißen Steinhaufen gleichen. Hildegard sieht die jeweils spitzig lodernden Feuerflammen darauf als schauerlich düsteres Feuer. Und sie hört etwas dazu, nämlich ein Sturmgebraus, voller Getöse. Dies ist die Zone, aus der im Sommer der Donner ausgeht und das Blitzen der Gewitter, im Winter Frost, Schnee und Hagel. Aus dieser Zone bricht der Nordwind hervor (drei blasende grüne Köpfe links).
Unter der finsteren Zone flutet, über und über mit weißen und goldenen Sternen besät, tiefblau der »reinste Äther«, das Firmament. Hier erblickt Hildegard, als Sichel und Vollmond zugleich, rot-weiß-golden den Mond, ihm zugeordnet wieder zwei rotweiße Sterne, diensteifrige Trabanten, die sein Zu- und Abnehmen regeln, die verhindern, dass er die ihm vorgezeichnete Bahn verlässt. Wieder bricht ein Wind aus, das ganze Gebilde durchjagend. Es ist – drei grünweiße Köpfe unten – der Ostwind.
Weißrot linierte, ineinander verschlungene Felder unter pilzkopfartigen grünen Gebilden in der nächsten Zone – hier geht der Westwind aus – symbolisieren den Dunstkreis, die »Schatzkammer der Feuchtigkeit« für die Welt, die rauschende Platzregen ebenso entlässt wie wohltuend sanft herabfallendes Nass.
Die nächste Zone zum Zentrum hin, blau-weiß, ist die die Erde umgebende Luft. Sie gibt den Wassern über ihr Halt und regelt die Niederschläge.
Im Zentrum aber erblickt Hildegard eine Kugel. Und sie sagt, dass diese Kugel gewaltig sei. Es ist die Erde, dargestellt durch die ineinander greifenden vier Elemente Wasser (blauweiße Woge), Erde (grüne Schollen), Luft (schwarzes Dreieck) und Feuer (Golddreieck).
In dieser komplexen Schau Hildegards kommt das Unsichtbare und Ewige der Schöpfung Gottes ins Sichtbare.

Das Weltall. Tafel 4 (Schau I, 3) aus Hildegard von Bingen, Wisse die Wege (Scivias). Faksimile des im Zweiten Weltkrieg verschollenen Originals in der Abtei St. Hildegard in Eibingen bei Bingen (vgl. S. 22 ff.).

Mandara, der auf den Kopf gestellte heilige Berg, wird von den Göttern und den Asuras als Quirl benutzt, um den Milchozean aufschäumen zu lassen. Als Sehne dient die Weltenschlange Vasuki, deren tausend Mäuler Feuer speien. Vishnu oben hält den Diskus, die goldene Keule, einen Wasserlotos und ein Schneckenhaus. Links die 33 Götter, vorn Brahma mit den vier Köpfen, hinter ihm der blaue Shiva. Links klein am Rande sitzt die Göttin Lakshmi. Vor ihr wird Chandra, der Mond, herausgezogen. Hinter dem Mond taucht der heilige Parijati-Baum, der die Welt mit dem Duft seiner Blüten erfüllen wird, hervor. Rechts die Asuras. Einer von ihnen, Rasu, zieht den göttlichen Arzt Dhavantari aus dem Ozean. Er wird ihm die Schale mit dem Lebenselixier Amrita kurzzeitig entreißen (vgl. S. 37 ff.).

Miniatur aus Kangra, 18. Jahrhundert. Musée Guimet, Paris

Der so genannte Sonnenstein des Echnaton zeigt den Pharao, seine Frau Nofretete und eine Tochter, wie sie dem Schöpfergott Aton, dargestellt als Sonnenscheibe, Opfer darbringen. Die Strahlen der Sonne enden in gebenden Händen. Vor dem Gesicht Echnatons und seiner Frau halten sie je ein Ankh-Kreuz als Zeichen unsterblichen Lebens. Rechts auf kleinen Opferaltären Blumensträuße (vgl. S. 53 ff.)

Flachrelief aus Amarna, 1350 v. Chr.

Prometheus erschafft den Menschen aus Lehm und gibt ihm den Atem, die Seele. Athene (römisch Minerva) hinter ihm verleiht dem Neuerschaffenen den Geist (vgl. S. 62 ff.).

Römischer Sarkophag um 220 n. Chr. Louvre, Paris.

Tangaroa (Ta'aroa), der polynesische Schöpfergott, schuf aus der Muschelschale und seinem Körper die Welt. Auch die Götterfamilie entstand aus seinem Leib. Die archaische Figur zeigt, wie aus seinen Körperteilen Götter (und Menschen) sich ablösen (vgl. S. 106 ff.).

Skulptur von den Rurutu-Inseln Polynesiens. British Museum, London.

Die Maori-Mythologie schreibt die Erschaffung der Welt dem Himmelsvater Rangi und der Erdmutter Papa zu. Beide umfangen sich in Liebe. Ihre Liebesnacht dauert ohne Unterbrechung länger als eine Million Jahre. In der Dunkelheit zwischen ihren Leibern werden alle Dinge geschaffen, auch die vielen Götter des Maori-Pantheons.

Holzschnitzerei an einem Vorratshaus in Neuseeland.

Nach dem Schöpfungsmythos Popol Vuh der Quiché-Mayas schufen die Götter Tepëu und Cucumátz die ersten Menschen aus Maismehl. Im Gemälde Riveras werden sie aus Schlamm erschaffen. Das darf nicht verwundern, denn stets gab es bei den Schöpfungsmythen unterschiedliche Versionen (vgl. S. 143 ff.).

Diego Rivera (1886–1957), Die Erschaffung des Menschen, Museo Casa Diego Rivera (INBA), Guanajuato, Mexico.

Um 1900 entstandenes Bild eines Kachína-Geistes. Die Kachínam wurden von den Pueblo-Indianern (Hopi) als wohlwollende Geister verehrt. Als Geist-Götter (möglicherweise ist der Sonnengott Tawa – auch Taiwa – dargestellt) waren sie tanzend an der Schöpfung beteiligt. Auf Schöpfung deutet auch die Maispflanze rechts oben als Fruchtbarkeitssymbol und der Regenbogen mit dem herabfließenden Regen darüber hin. Der große blumenförmige Kopf der puppenartigen Figur, die in der Rechten einen Nadelholz-Zeremonienstab, in der Linken eine Flöte hält, ist ein Welt-Sonnen-Symbol (vgl. S. 125 ff.).

Smithsonian Institute, National Anthropological Archives, Washington.

Das abgebildete Schöpfungssymbol stellt die gesamte Schöpfung dar. »Die Schöpfung ist rund«, sagen die Sioux. Der äußere rote Ring, unterbrochen vom Blau des Wassers, ist die Sonne (= Leben). Sie umschließt die vier schwarzen Kreissegmente der Dunkelheit (= Tod). Das Zentrum in den vier Farben gelb, grün, blau und rot meint zugleich die Erde als Ganzes wie auch die vier Himmelsrichtungen, die Raum und Zeit bestimmen. Die vier Adlerfedern – sie lassen den Kreis wie einen Kriegsschild erscheinen – stehen für die Menschen, aber sie verbinden auch die Menschenwelt mit der der Götter, deren Bote der Adler ist. Vier ist die heilige Zahl der Sioux. Sie drückt Vollständigkeit und Vollkommenheit aus (vgl. S. 117 ff.).

Bild von Thomas E. Simms.

Das Bild zeigt oben die Sonne als Inbegriff der Schöpferkraft, die die Menschen leben lässt. Davon geht in konzentrisch-farbigen Kreisen (hellblau der Himmel, dunkelblau das Wasser, grün die Erde, rot der Mensch und sein Leben) die gesamte Schöpfung aus. Davor sieht man die erhobenen Hände eines Menschen, der auf »Mutter« Erde steht. In den Handflächen – sie sind im uralten Gebets- und Segensgestus geöffnet – erblickt man stilisiert je einen Mann und eine Frau. Dieser Gestus findet sich weltweit bereits in den ältesten bekannten Felszeichnungen und Höhlenmalereien. Segen wird, von der Gottheit empfangen, durch Schamanen und Priester weitergegeben.

Der Baum – er wird noch heute im Sonnentanz-Ritual der Lakota jeden Sommer errichtet – stellt als axis mundi die Verbindung zwischen Erde und Himmel, zwischen der heiligen Welt der Menschen und dem Urgrund der Schöpfung her (vgl. S. 117 ff.).

Arthur Amiotte, der Maler des Bildes, geb. 1942, ist ein Lakota-Künstler und Schamane.

Arthur Amiotte, Unter dem Baum des Lebens (1977).

Zeus trennt die Kugelmenschen –
Aus dem »Symposion« des Platon

Eros, Gott und Liebeskraft, ist das Thema von Platons Dialog »Symposion«. Ein Symposion war im alten Griechenland das auf eine festliche Mahlzeit folgende Trinkgelage, bei dem das philosophische Gespräch im Vordergrund stand. Platons Symposion fand im Frühjahr 416 v. Chr. im Haus des Tragödiendichters Agathon statt. Was wir lesen, ist indes eine Dichtung.
Es geht Platon in seinem Dialog u. a. um die Frage, wie der naturhafte Eros-Drang von Mann und Frau zueinander zu erklären sei. Platon entwickelte dazu die Idee von einem ursprünglichen Mann-Frau-Doppelwesen, das nach Auflehnung gegen die Götter von Zeus in Mann und Frau getrennt wurde. Von ihrer Ursprungsnatur her aber wollen beide immer wieder zueinander: »Dass dies vor Zeiten unsere Natur war und dass wir einmal ganz waren, das Begehren und der Drang nach dem Ganzen also, das heißt Eros.«
Es gab aber auch Doppelwesen *gleichen* Geschlechts. Aus ihnen, so Platon, kamen die Männer hervor, die es freut, bei Männern zu liegen. Ein gleiches gilt für die Frauen (Tribadie ist Homosexualität unter Frauen).
Der nachfolgende Text setzt dort ein, wo Aristophanes, der neben Sokrates unter den Anwesenden des Symposions hervorgehoben ist, den Gott Eros als den menschenfreundlichsten der Götter preist, um dann fortzufahren:

Zuerst aber sollt ihr die menschliche Natur und ihre Geschichte kennen lernen. Unsere Natur war nämlich vor Zeiten nicht die gleiche wie jetzt, sondern andersartig. Erstens gab es dreierlei Geschlechter unter den Menschen, nicht nur zwei wie jetzt, das männliche und das weibliche, sondern es gab noch ein drittes dazu, das zu beiden gehörte, von dem heute nur noch der Name lebt, es gab nämlich das mannweibliche Geschlecht, nach Gestalt und Namen eine Einheit von beidem, mit Anteil am männlichen und weiblichen; aber jetzt besteht nur mehr der Name. Sodann war damals die Gestalt eines jeden Menschen in sich geschlossen: Sie war rund, Rücken und Seiten liefen rings herum, dazu hatte man vier Arme, und ebenso viele Beine wie Arme, und zwei Gesichter auf kreisrundem Halse, die ganz einander glichen; und über den beiden entgegengesetzten Gesichtern einen einzigen Schädel mit vier Ohren, dazu zwei Geschlechtsteile und alles weitere so, wie man es sich wohl danach vorstellen kann. Man schritt ferner aufrecht wie jetzt, und zwar beliebig in beide Richtungen; und wenn man rasch laufen wollte, dann machte man es wie die, die Rad schlagen und dabei die Beine gerade in die Höhe strecken und herumwerfen; so stießen sie sich mit den damals acht Gliedmaßen ab und kamen flink im Kreise herum. Dass es aber drei Geschlechter und von solcher Gestalt gab, kam daher, dass das männliche ursprünglich von Helios abstammte, das weibliche von der Erde, und das an beiden beteiligte vom Mond, weil auch der Mond an beiden teilhat; und rund waren sie selbst und ihr Gang wegen ihrer Ähnlichkeit mit den Eltern.

Sie waren also gewaltig an Kraft und Stärke und hatten hohe Pläne: Da ließen sie sich mit den Göttern ein und versuchten, sich einen Aufgang zum Himmel zu schaffen, um die Götter anzugreifen.

Zeus nun und die anderen Götter hielten Rat, was man mit ihnen anfangen sollte, und wussten keinen Ausweg; denn weder sahen sie eine Möglichkeit, sie zu töten und das ganze Geschlecht gleich den Giganten mit dem Blitzstrahl zu vernichten, noch sie weiter freveln zu lassen. Da kam Zeus endlich auf einen Gedanken: »Mich dünkt, ich habe ein Mittel, wie die Menschen weiter bestehen könnten. Denn jetzt«, sagte er, »will ich jeden von ihnen mitten entzweischneiden, und da werden sie einerseits schwächer sein, andererseits nützlicher für uns, weil sie an Zahl zunehmen; und gehen sollen sie aufrecht auf zwei Beinen. Wenn es sich aber zeigt, dass sie immer noch freveln und keine Ruhe halten wollen, dann«, sagte er, »schneide ich sie nochmals durch, so dass sie auf einem Bein hüpfend daherkommen.«

Sprach's und schnitt die Menschen mitten entzwei, gerade so, wie man die Früchte des Sperberbaumes zum Einmachen durchschneidet. Und wenn er einen durchgeschnitten hatte, befahl er dem Apollon, ihm das Gesicht und die zugehörige Hälfte des Halses nach dem Schnitt herumzudrehen, damit der Mensch, seine Zerschnittenheit vor Augen, sittsamer werde, und das übrige hieß er ihn heilen. So drehte denn Apollon das Gesicht herum und zog von allen Seiten die Haut zusammen nach der Stelle, die man jetzt Bauch nennt, und wie bei einem Schnürbeutel band er sie mitten auf dem Bauch zu und ließ nur eine einzige Öffnung, die man jetzt den Nabel nennt. Und die vielen übrigen Falten strich er zumeist glatt und gliederte die Brust, wobei er etwa ein Werkzeug hatte wie die Schuster, wenn sie auf dem Leisten die Falten des Leders glätten; einige wenige Falten aber beließ er, die am Bauch und um den Nabel; sie sollten Wahrzeichen des einstigen Erlebnisses sein.

Da nun das Ursprüngliche entzweigeschnitten war, sehnte sich ein jedes nach seiner Hälfte und gesellte sich zu ihr; da umarmten und

Die Kugelmenschen Platons, rechts und links vor, in der Mitte nach ihrer Zweiteilung.

Holzschnitt von Raphael Drouart.

umschlangen sie einander voller Begierde, zusammenzuwachsen, und starben vor Hunger und überhaupt vor Untätigkeit, weil sie nichts getrennt voneinander tun wollten. Und wenn eine von den Hälften starb und die andere am Leben blieb, dann suchte die überlebende irgendeine andere und umschlang sie, ob sie nun auf einer ganzen Frau Hälfte traf – also das, was wir jetzt eine Frau nennen – oder auf eines Mannes Hälfte; und so quälten sie sich.«

Da »erbarmte« sich Zeus und fand noch ein Mittel: Er setzte ihre Geschlechtsteile nach vorn; denn bis dahin hatten sie die noch außen und befruchteten und zeugten nicht ineinander, sondern in die Erde wie die Zikaden; so versetzte er sie nun nach vorn und bewirkte damit die Begattung ineinander, durch das Männliche im Weiblichen, in der Absicht, dass sie bei der Umschlingung, wenn ein Mann auf eine Frau träfe, Kinder zeugten und Nachkommenschaft hätten; wenn aber ein Mann auf einen Mann träfe, wenigstens ihr Verlangen nach Zusammensein gestillt werde, sie dann davon abließen und sich an ihre Arbeit machten und sich überhaupt um den Lebensunterhalt kümmerten. Seit so alter Zeit also ist der Eros zueinander den Menschen eingepflanzt; er führt das Urwesen wieder zusammen und versucht, eins aus zweien zu machen und die Natur des Menschen zu heilen.

So ist denn jeder von uns Menschen nur ein Teilstück, denn er ist entzweigeschnitten wie die Flundern, aus einem zwei; da sucht denn ein jeder immer sein Gegenstück. Alle Männer nun, die ein Teil von jenem Gesamtwesen sind, das damals Mannweib genannt wurde, fühlen sich zu Frauen hingezogen, und andererseits stammen von da alle Frauen, die sich zu Männern hingezogen fühlen.

Die Frauen aber, die ein Teil von einer Frau sind, kümmern sich überhaupt nicht um die Männer, sind vielmehr den Frauen zugewandt, und aus diesem Geschlecht entstehen die Tribaden.

Die Weltschöpfung aus dem Chaos bei Ovid

Publius *Ovidius* Naso (43 v.–17/18 n. Chr.), römischer Dichter, einer der Klassiker der Weltliteratur, bringt in den 15 Büchern seiner Metamorphosen – etwa 250 an- und ineinandergefügte Mythen, die durch das Verwandlungsmotiv zusammengehalten werden – Erzählungen vom Anfang der Welt bis auf seine Gegenwart.
In seinem Schöpfungsmythos verarbeitet Ovid Überlieferungen der griechisch-römischen Mythologie. Die hohe sprachliche Qualität – sie ist durch die deutsche Übersetzung gut wiedergegeben – und eine klare, philosophischen, ja aufgeklärten Geist atmende Darstellung in fließenden Hexametern geben seinem Text einen hohen Stellenwert unter den Schöpfungsmythen der Welt.
Bemerkenswert ist, dass Ovid (wie schon Pythagoras um 500 v. Chr.) die Erde als Kugel sieht, dass er, ganz unserm Gegenwartsbild entsprechend, fünf Erdzonen trennt, zwei kalte an den Grenzen (Polarkreise), eine heiße in der Mitte (Äquatorialzone), dazwischen zwei gemäßigte Zonen. Auch seine Aussage über den Äther ist vielsagend. Er beschreibt ihn als »frei von jedem irdischen Unrat«! Nicht zuletzt bedarf sein Gottesbild eines besonderen Hinweises. Es ist sehr distanziert: »der Gott, wer immer er war«; »ein Gott, eine bessere Kraft der Natur«.

Ehe das Meer und die Erde bestand und der Himmel, der alles
deckt, da besaß die Natur im All nur ein einziges Antlitz,
Chaos genannt, eine rohe und ungegliederte Masse,
nichts als träges Gewicht, und geballt am nämlichen Orte
disharmonierende Samen nur lose vereinigter Dinge.
Titan gab es noch nicht, die Welt mit Licht zu erhellen,
Phoebe, die Helle, bewirkte noch nicht, dass die Sichel des Mondes
sich dehnte.
Noch schwebte die Erde nicht in Lüften, die rings sich ergossen,
hängend im eigenen, gleichen Gewichte; nicht streckte die Arme
Amphitrite, Poseidons Gattin, am weit sich dehnenden Saume der
Länder.
Zwar war die Erde daselbst vorhanden und Meer und auch Lufthauch.
Aber die Erde gewährte nicht Stand, das Wasser kein Schwimmen.
Lichtlos waren die Lüfte. Es schwankten die Formen der Dinge.
Eines hemmte das andere, in ein und dem nämlichen Körper kämpften das Kalte und Warme, es rangen das Trockne und Feuchte.
Weiches stritt mit Hartem, was ohne Gewicht mit dem Schweren.

Aber es gab eine Schlichtung des Streites: Ein Gott, eine bessre
Kraft der Natur, schied Himmel und Erde und Wasser.
Und er trennte den heiteren Himmel vom dickeren Luftdunst.
Als er nun alles entwirrt, aus der finstern Masse entnommen,
band er das örtlich Getrennte zusammen in friedlicher Eintracht.
Und so schnellte die leichte, die feurige Kraft des gewölbten
Himmels empor und gewann sich den Platz in der obersten Höhe.
Ihr zunächst ist die Luft an Leichtigkeit wie auch im Raume.
Dichter als sie ist die Erde, die größere Stoffe herbeizog,
durch ihre Schwere zusammengepresst; die umfließende Feuchte
nahm den Rand in Besitz und umschloss den festeren Erdkreis.

Als so der Gott, wer immer er war, die Materie geordnet,
so sie zerteilt und die Teile zu wirklichen Gliedern gestaltet,
ballte er gleich zu Beginn die Erde, damit sie auf jeder
Seite sich gänzlich gleiche, zur Form einer riesigen Kugel.
Alsdann ließ er die Meere sich breiten; in reißenden Stürmen
sollten sie schwellen und rings die Gestade der Erde umgürten.
Quellen gesellte er bei, unermessliche Teiche und Seen.
Mit sich krümmenden Ufern umzog er die Flüsse, die hierhin
abwärts rinnen und dorthin; die einen verschwinden im Boden,
andere gelangen ins Meer: in freierem Laufe durchströmen
sie die Ebne, statt Ufer umzieht sie Küstengelände.
Felder ließ er sich dehnen und Täler hernieder sich senken,
Wälder sich decken mit Laub und steinige Berge sich heben.

Und wie den Himmel zwei Zonen zur Rechten und ebenso viele
links durchschneiden - die fünfte jedoch ist heißer als alle -,
so zerteilte der sorgliche Gott die umschlossene Kugel
nach den nämlichen Zahlen: Es decken fünf Zonen die Erde.
Wo sich die mittlere dehnt, da verwehrt es die Hitze zu wohnen.
Zwei deckt tiefer Schnee; zwei hat er dazwischengeschoben
und ihnen Milde verliehen; mit Kälte vermischte er Wärme.
Luft ist darüber gebreitet; so viel ist sie schwerer als Feuer,
als des Wassers Gewicht nachsteht dem Gewicht der Erde.
Nebel ließ er daselbst, dort ließ er Wolken sich sammeln,
auch die Donner, die Wetterleuchten erzeugen und Blitze.

Doch auch den Winden verwehrte der Weltenschöpfer zu hausen,
wo in den Lüften sie wollten; noch jetzt ist es schwer, sie zu zähmen,
wenn sie auch, jeder für sich, in den eigenen Zonen sich tummeln,
dass sie die Welt nicht zerreißen: So groß ist die Zwietracht der
Brüder.
Eurus, der Ostwind, wich zu Aurora zurück, nach dem Reich Nabataea und nach Persien, hinweg zu den Höhen, die im Morgenglanz leuchten.
Doch die Gestade, die milde durchsonnt sind von den Strahlen des Abends, liegen dem Zephyr, dem Westwind, am nächsten.
Ins Land der Skythen, gen Norden, brauste der schaurige Boreas, der Nordwind;
aber das Land gegenüber wird vom Auster, dem Südwind, mit Regen und dauernden Wolken durchfeuchtet.
Über das alles legt' er den flüssigen Äther, der jeder
Schwere ermangelt und frei ist von jeglichem irdischen Unrat.

Kaum hat er alles durch feste Begrenzung umhegt und geschieden,
als die Gestirne, die lang in der Masse gepresst und verborgen
waren, allüberall am Himmel jetzt zu leuchten begannen.
Auf dass keine der Zonen der lebenden Wesen ermangle,
sollten die Sterne, Gestalten von Göttern, den Himmel bevölkern.
Glänzenden Fischen gewährten die Wasser die Wohnung, die Erde
bot den Tieren das Heim, die beweglichen Lüfte den Vögeln.
Aber ein reineres Wesen, Gefäß eines höheren Geistes,
über die anderen zu herrschen befähigt, es fehlte noch immer.

Und es entstand der Mensch, sei's, dass ihn aus göttlichem Samen
jener Meister erschuf, der Gestalter der besseren Weltform,
sei's, dass die Erde, die jugendfrische, erst kürzlich vom hohen
Äther geschieden, die Samen, die himmelsverwandte, bewahrte.
Denn sie mischte der Menschenschöpfer Prometheus mit dem
Wasser des Regens,
formte sie dann nach dem Bild der alles regierenden Götter.
Während die anderen Wesen gebückt zur Erde sich neigten,
ließ er den Menschen das Haupt hoch tragen: Er sollte den Himmel
sehen und aufgerichtet den Blick zu den Sternen erheben.

Ovid, Metamorphosen, 1. Buch, 5-88

Die Schöpfung im nordgermanischen Edda-Lied Voluspá

Über die Weltschöpfungsvorstellungen der Nordgermanen (Wikinger) gibt es unterschiedliche Überlieferungen. Eine davon findet sich im großen Edda-Lied Voluspá, das vermutlich um 1000 entstand, als die Christen in der nordischen Welt bereits Einfluss hatten. Das Lied wird von einer nicht näher bezeichneten Volvá, einer altgermanischen Seherin, auf Wunsch des Göttervaters Odin in einer visionären Schau vorgetragen. Diese »Weissagung der Seherin« (= Voluspá) ist einer der bedeutendsten Texte der nordischen Religion. In einem einfachen Versmaß gehalten, war er zur Rezitation bestimmt. Überliefert ist der Text im Codex Regius des 10. Jahrhunderts, der 1653 wiederentdeckt wurde.

> Hört mich, all ihr heiligen Sippen,
> hört mich, hohe und niedrige Menschen:
> Gottvater Odin will von mir,
> dass ich euch Kunde bringe.
> Vorzeiten wurden Riesen geboren.
> Sie haben mich aufgezogen.
>
> Urzeit war, als Ymir kam.
> der Riese in Frost und Kälte.
> Damals war die Welt noch nicht,
> nicht oben der Himmel, nicht unten die Erde.
> Damals hob sich die Erde empor,
> und Midgard entstand, das Menschenland.
> Oben war Asgard, die Götterwelt.
> Von Süden her kam die Sonne.
> Mit ihrer Wärme erfüllt sie alles.
> Grün wurde das Land der Menschen.
>
> Die Götter, die Asen, hielten Rat,
> um Odins Richterstuhl versammelt.
> Sie gaben der Nacht und dem Tag ihre Namen,
> benannten Morgen und Mittag.
> Zwielicht und Abend legten sie fest.
> Jetzt war die Zeit zu messen.
>
> Auf dem grünen Idafeld in Asgard
> erbauten die Götter Burgen.
> Sie hatten Gold. Sie hämmerten Erze.

Werkzeuge schmiedeten sie.
Glückselig waren die Götter beim Brettspiel.
Sie lebten in seliger Unschuld.

Dann aber: Drei gewaltige Frauen,
Töchter der Riesen aus Riesenheim.
Es waren die Nornen, die Schicksal künden:
Urd und Werdandi und Skud.
Die Zeit der Seligkeit war vorbei.
Die Nornen wussten alles.
Sie wussten um das Schicksal der Götter
und um das Ende der Welt.
In ihrem Schutze stand Yggdrasil,
der Götter- und Weltenbaum.
Von Midgard wuchs er bis Asgard hinauf.
Tief reichten seine Wurzeln.

Die Götter aber erschufen die Zwerge.
Und danach erschufen sie Menschen.
Aus Ask, der Esche, entstand der Mann,
aus Embla, der Ulme, entstand die Frau.
Noch fehlte den Menschen die Wärme des Lebens.
Noch hatten sie keine Seele.
Gott Lodur gab ihnen Herzenswärme.
Die Seele gab Gott Hömir.

Die Seherin aber sah den Kampf,
da die Götter die Hexe des Goldes verbrannten.
Sie verbrannten sie dreimal nacheinander.
Denn immer wieder lebte sie auf.
Heid war der Name dieser Hexe.
Sie war der Abgott schlechter Frauen.

Die Seherin sah, wie die Wanen kamen,
ein anderes Göttergeschlecht.
Streit gab es zwischen Wanen und Asen.
Auf Erden tobte der erste Krieg.

Weit draußen saß die Seherin.
Gott Odin kam, der Herr der Asen.

Gott Odin auf dem mythischen achtbeinigen Götterpferd Sleipnir. Über ihm eine Walküre.
Alskoga, Gotland, um 700 n. Chr.

Sie sprach: »Du hast nur ein Auge, Gott.
Du gabst es dem Quellgeist Mimir.
Weisheit wolltest du erlangen.
Weisheit hast du bekommen.«

Odin schenkte ihr kostbare Ringe.
Sie schaute weit hinaus,
weit in die Zukunft, in alle Welten.
Sie sah den Endkampf der Götter.

Der altnordische Weltentstehungsmythos aus der Prosa-Edda

Ein anderer nordgermanischer Schöpfungstext findet sich in der von Snorri Sturluson (1179–1241) um 1230 verfassten Prosa-Edda (jüngere Edda!), einem Lehrbuch, das in seinem ersten Teil einen Überblick über die nordische Mythologie gibt. Der Schöpfungsabschnitt weist Übereinstimmungen mit dem Edda-Lied Voluspá (ältere Edda!) auf, bringt aber mancherlei Abwandlungen und viele andere Details.

Schöpfung geschieht hier durch Zerstückelung eines Urwesens. Der Urriese Ymir wird geopfert. Aus seinem Körper entsteht die Welt. Wichtig ist in diesem Mythos Audumlah, die Kuh der Urzeit, die als Verkörperung der nährenden Kräfte der Erde die Stoffe ihrer Umgebung in Leben verwandelt. Götter gehen aus dem Eis hervor, Götter, die Menschen schaffen.

Ginnungagap gibt es vor aller Schöpfung, den mit Kräften erfüllten Raum. Ginnungagap ist eine Schlucht, ein gähnendes Nichts, eine Tiefe.

Und dann ist da Muspelheim im Süden, ein Land des lohenden Feuers. Im Norden aber ist Niflheim, das Land des unendlichen Eises. In der Mitte aber ist Ginnungagap zwischen Muspelheim und Niflheim.

Und es geschieht, dass sie sich treffen in dieser Mitte des Anfangs, die Feuerströme von Muspelheim und das Eis von Niflheim. Und da schmelzen die riesigen Eisberge hin. Die Hitze taut das Eis. Und alle Schmelzwasser laufen zusammen. Und es bildet sich ein Meer. Und da geschieht es bei diesem Schmelzen: Der Urriese Ymir entsteht. In einen Eisberg eingefroren, so treibt er im Urmeer dahin. Und als er schläft, beginnt es zu wachsen aus seinen Achselhöhlen. Reifriesen wachsen daraus hervor, ein wildes und böses Geschlecht.

Und am Ufer des Meeres ist Audumlah, die Kuh der Urzeit, die erste Kuh. Älter ist sie als Götter und Menschen. Geheimnisvoll ist sie entstanden. Vier Milchströme quellen aus ihren Eutern. Und der Urriese Ymir trinkt davon.

Und Audumlah beleckt das salzige Eis. Und da leckt sie Buri hervor. Langsam wächst er aus dem Eis. Danach kommt Böri, sein Sohn.

Böri wiederum hat drei Söhne: Odin, Vili und Vé. Das sind die Asen, die ersten Götter. Odin ist groß unter ihnen.

Die Götter töten Ymir, den Riesen. Und sie zerteilen ihn. Aus Ymirs Fleisch entsteht die Erde, Midgard, die Mittelwelt. Sie wird die Heimat aller Menschen. Aus Ymirs Blut entstehen die Meere. Aus seinen Knochen werden die Berge, aus seinem Haar die Bäume. Aus seiner Haut aber wird der Himmel, und aus dem Gehirn entstehen die Wolken.

Um die Erde aber entsteht ein Schutzwall aus hohen Bergen von Eis. Aus Ymirs Augenbrauen entsteht er. Er sperrt die Reifriesen aus. So bleiben sie ausgeschlossen von der Erde. Sie können nichts Böses tun.

Die Götter befehlen dem Tag und der Nacht, sich über den Himmel zu jagen. Der Tag wird begleitet von der Sonne. Der Begleiter der Nacht ist der Mond. Und rings um die Erde im Weltenmeer, da liegt die Midgardschlange.

Die Götter aber sind am Nordmeer. Da werden zwei Baumstämme angeschwemmt. Der eine Baum ist eine Esche, der andre eine Ulme.

Yggdrasil, nordischer Weltenbaum, der nach germanischem Glauben die Welt zusammenhält. Er wurzelt in der Tiefe Niflheims an drei Urbrunnen (Udarbrunnr, Mimisbrunnr und Hergelmir). Er wurzelt ebenso in Midgard, der Menschenwelt, die von der Weltenschlange und am äußersten eiskalten Schutzwall von den Eisriesen umringt ist. Yggdrasils Krone überragt die Götterwelt Asgard. Gott Odin kann als Adler in diesem Baum erscheinen. Asgard und Midgard sind verbunden durch die bis Niflheim reichende Regenbogenbrücke Bifröst. Auf ihr reiten die Götter zu den Menschen herab.

Illustration: Nordische Antiquitäten 1847

Da schaffen die Götter Askr, den Mann. Sie schaffen ihn aus der Esche. Und danach wird Embla erschaffen, die Frau. Embla entsteht aus der Ulme.

Und die Götter schenken den Menschen Gaben: Atem, Seele, Leben. Sie geben ihnen den Verstand und Sprache und Gehör. Die Menschen können sehen, hören, fühlen, schmecken, riechen.

In Midgard sollen die Menschen wohnen. So wollen es die Götter. Midgard soll die Menschenwelt sein, friedlich, mit vielen Kindern.

Und danach erschaffen die Götter Asgard. Das ist ihre himmlische Wohnung, die Asenwelt, eine Gottesburg mit vielen Sälen und Höfen.

Und danach bauen die Götter Bifröst. Das ist die Regenbogenbrücke. Diese strahlende Straße verbindet die Welten. Sie verbindet Asgard und Midgard. Täglich reiten die Götter hinab auf ihren Pferden zu den Menschen. Wann immer sie wollen, besuchen sie Midgard. Sie sind den Menschen verbunden.

Schöpfung aus sieben Eiern –
Aus dem Kalevala, dem finnischen Nationalepos

Der Text stellt einen Auszug aus dem 1. Gesang des Kalevala dar. Nach 50 alten finnischen und karelischen Liedern von Elias Lönnrot, einem Arzt und Volkskundler, 1835 zusammengestellt, wurde das Kalevala 1849 in einer endgültigen Fassung veröffentlicht.
In dieser Kosmographie kann das Schöpfungswesen Ilmatar als Wassermutter (auch »Maid der Lüfte« genannt) 700 Jahre lang nicht gebären. In ihrer Verzweiflung ruft sie Ukko, den Donnergott, den Herrn des Himmels, zur Hilfe. Der schickt die Taucherente, die auf das Knie der Wassermutter sieben Eier legt. Als diese Eier im Urwasser zerbrechen, werden sie zu Elementen der Welt. Aus den unteren Hälften entsteht die Erde, aus den oberen der Himmel. Aus dem Eigelb wird die Sonne, aus dem Eiweiß der Mond, aus den gesprenkelten Schalen werden Sterne und Wolken. Neun Jahre danach kann Ilmatar gebären. Es entstehen Landvorsprünge, Laichgründe für Fische, glatte Strände, breite Buchten, Inseln und Riffe, Feld und Flur.

Wenige Zeit nur war verstrichen,
eine kleine Frist verflossen,
da kam eine Taucherente,
schwang sich her in schnellem Fluge,

sich fürs Nest die Stelle suchend,
einen Ort zur Wohnstatt wählend.
Flog nach Osten, flog nach Westen,
flog nach Nordwest, auch nach Süden,
konnte keine Stelle finden,
nicht die allerfernste Stätte,
um ihr Nest dort einzurichten,
ihren Aufenthalt zu nehmen.
Langsam schwebt sie, weithin schweifend,
überdenkt und überlegt es:
»Bau ich in den Wind die Wohnung,
auf die Wogen meine Wohnstatt,
wird der Wind das Haus zerstören,
wird die Welle es entführen.«

Da erhob die Wassermutter,
Wassermutter, Maid der Lüfte,
schon ihr Knie aus Meereswogen,
ihre Schulter aus der Welle
als ein Nistort für die Ente,
als ein sehr erwünschter Wohnplatz.
Dieser schöne Entenvogel
schwebt nun langsam,
weithin schweifend,
merkt das Knie der Wassermutter
auf dem blauen, offnen Wasser,
hält's für einen Gräserhügel,
eine frische Rasenbülte.
Er fliegt langsam, gleitet leise,
auf das Knie lässt er sich sinken,
darauf baut er seinen Brutplatz,
legt dort seine goldnen Eier,
legt sechs Eier ganz von Golde,
doch das siebte ist aus Eisen.
Fängt die Eier an zu brüten,
Kniees Wölbung zu erwärmen;
brütet einen Tag, den andern,
brütet auch am dritten Tage:

Schon verspürt die Wassermutter,
Wassermutter, Maid der Lüfte,
eine große Glut entstehen,
spürt die Haut sich stark erhitzen,
fühlt ihr Knie schon fast verbrennen,
alle ihre Adern schmelzen.
Jäh ließ sie ihr Knie erzittern,
schüttelte sogleich die Glieder;
in die Flut entflohn die Eier,
rollten in des Meeres Wogen.
Es zerbrachen alle Eier,
splitterten in viele Stücke.

Nicht verschlingt der Schlick die Eier,
nicht verschluckt die See die Stücke;
sie verwandeln sich zum Guten,
schön gestaltet alle Stücke:
Aus des Eies untrer Hälfte
wird die Mutter Erde unten.
Aus des Eies obrer Hälfte
wird der hohe Himmel oben.
Aus dem obren Teil des Gelbeis
wird die Sonne weithin strahlend.
Aus dem obren Teil des Weißeis
wird der Mond mit mildem Glanze.
Was gesprenkelt in dem Ei ist,
wird zu Sternen hoch am Himmel.
Das, was dunkel in dem Ei ist,
wird zu Wolken in den Lüften.

Weiter ziehn dahin die Zeiten,
immer fort und fort die Jahre
bei dem Glanz der neuen Sonne,
bei dem Schein des neuen Mondes.
Immer treibt die Wassermutter,
Wassermutter, Maid der Lüfte,
auf dem wogenlosen Wasser,
auf den dunstumwobnen Wellen,

vor sich nur des Wassers Feuchte,
hinter sich den klaren Himmel.
Endlich nun, im neunten Jahre,
zu der Zeit des zehnten Sommers
hob ihr Haupt sie aus dem Meere,
reckte sie empor die Stirne,
fing nun an, die Frucht zu werfen,
die empfangne zu gebären
auf dem offnen Meeresrücken,
auf der weiten Wogenfläche.

Wo sie nun die Hand hinwandte,
da erschuf sie Landvorsprünge;
wo ihr Fuß den Grund berührte,
grub sie Laichgrund für die Fische;
wo sie Blasen treibend tauchte,
mehrte sich des Meeres Tiefe.
Seitlings streift' sie an das Ufer –
da entstanden glatte Strände;
stieß ans Ufer mit den Füßen –
da entstanden Lachsfangstellen;
kehrte Kopf voran sich landwärts –
da entstanden breite Buchten.
Sie entfernte sich vom Lande,
machte Halt auf freiem Meere,
Schären schuf sie in dem Wasser,
richtet' auf verborgne Riffe,
dass das Schiff daran zerschelle,
dass der Seemann dort versinke.

Aus dem Finnischen von Lore und Hans Fromm

Der finnische Mythos vom himmlischen Schmied und dem Sänger

Nach einer anderen Überlieferung des Kalevala beauftragt eine Urgottheit Wanna issa den Kulturheros Ilmarinen (von ilma = Luft) und den (in vielen anderen Gedichten und Liedern verherrlichten) Kulturheros Väinamoinen (von väina = strömendes Wasser) mit der näheren Ausgestaltung der von Wanna issa als Himmel und Erde erschaffenen Welt. Ilmarinen, der göttliche Schmied der Urzeit, hämmert auf seinem Amboss das Himmelsgewölbe und befestigt Sonne, Mond und Sterne daran. Väinamoinen, der Erfinder der Kantela (Harfe), Dichter mit magischen Kräften (der bedeutendste Seher des finnischen Volkes), singt dazu ein gewaltiges Schöpfungslied, das die Weiten des Firmamentes durchbraust. Danach erschafft Wanna issa Tiere und Menschen.

Tief und dunkel, ohne Anfang und ohne Ende breitete sich der Himmel aus. Er war überall. In diesem Himmel wohnte Wanna issa, der Älteste. Er war nicht allein. In dem tiefen dunklen Himmel lebten auch noch zwei Brüder, die Helden Väinamoinen und Ilmarinen. Sie waren so weise und geschickt, dass sich Wanna issa ohne ihren Rat und ihre Hilfe gar nicht zurechtgefunden hätte. Väinamoinen, der ältere, hatte die Gabe des Gesangs, Ilmarinen hingegen vermochte alles, was durch seine Hände ging, vollkommen zu formen, er war ein wahrer Künstler.

Beide Helden kamen eines Tages zum Ältesten, um ihm etwas mitzuteilen, aber Wanna issa war so in Gedanken versunken, dass er sie nicht hörte. Er starrte in die unendliche Finsternis, als ob er dort etwas sähe, und sagte schließlich: »Jetzt ist die Zeit zur Erschaffung der Welt gekommen!«

Väinamoinen und Ilmarinen blickten zuerst einander und dann den Ältesten an: »Du bist weise, Wanna issa, und das, was du dir ausgedacht hast, entspricht deiner Größe. Die Welt schaffen, gut! Aber wie soll das geschehen?«

Der Älteste erklärte ihnen jedoch nichts weiter, und als die beiden schliefen, nutzte er die Zeit zur Erschaffung der Welt. Als die Brüder erwachten, sahen sie unten in der Finsternis die Erde. »Nach dieser schweren Arbeit muss ich mich ausruhen. Bewacht inzwischen meine Welt!«, sagte der Älteste, streckte sich aus und schlief, die Arme hinter den Nacken gelegt, zufrieden ein.

Die Brüder wachten und betrachteten das Werk des Ältesten. Doch was konnten sie schon sehen? Die Erde war wüst und von ewiger Nacht umgeben. Ilmarinen schritt unruhig durch den Himmel, er hatte die Arme am Rücken verschränkt und den Kopf gebeugt, ab und zu schaute er auf die ungastliche Erde hinab. Schließlich hielt er es nicht mehr aus, eilte zu seinem Gluthaufen, warf ein riesiges Stück Eisen hinein und fachte mit einem Blasebalg das Feuer an.

Väinamoinen sah dem Bruder ernst und schweigend zu. Sein Gesicht wurde von der Glut rot überstrahlt, und in seinen Augen spiegelten sich die Flammen wider.

Als das Metall endlich glühte, warf Ilmarinen es auf den Amboss und begann, es mit dem Schmiedehammer zu bearbeiten. Immer wieder sauste der Hammer herab, und aus dem Eisen wurde ein gewaltiger Bogen, dessen Enden irgendwo in der Unendlichkeit verschwanden. Schließlich warf Ilmarinen den Schmiedehammer weg und wartete, bis der Bogen ganz ausgekühlt war. Dann hob er ihn vom Amboss und ließ ihn hinab. Jetzt breitete sich über die Erde ein gewaltiges Gewölbe aus, das aber noch leer war und ganz überflüssig erschien. Obwohl dem Schmied Ilmarinen der Schweiß über die Stirn rann, packte er wieder den Hammer und fuhr mit der Arbeit fort. Vom Amboss stoben nun kleine und große silberglänzende Sterne, und schließlich hämmerte Ilmarinen noch die silberne Mondkugel zurecht. Dann befestigte er den Mond und die unzähligen Sterne an dem Gewölbe, und von diesem Augenblick an wurde die Erde schöner, auch wenn es noch kein Leben auf ihr gab.

Die Erschaffung der Sonne schob Ilmarinen bis zuletzt auf. Er holte sich vom Ältesten eine Lampe und brachte sie so sinnreich an, dass sie sich von selbst erhob, auf dem Bogen dahinglitt und dann wieder hinabsank. Damit war seit der Schöpfung der Welt der erste helle Tag angebrochen.

Väinamoinen griff, um dem arbeitenden Bruder nicht untätig zuzusehen, nach seiner Kantela und ließ seine Finger über ihre Saiten gleiten. Bald fiel auch Väinamoinens tiefe Stimme in die Melodie ein. Und über den blanken Himmel, auf dem die Sonne wanderte, brauste das gewaltige Lied von der Erde, die von den warmen Sonnenstrahlen überflutet wurde.

Schließlich nahm Väinamoinen einen Anlauf und sprang vom Himmel auf die Erde hinab. Scharen himmlischer Vögel begleiteten ihn.

Und überall dort, wo seine Füße den Boden berührten, begannen Blumen, Sträucher und Bäume zu wachsen.

Väinamoinens Gesang hatte auch den Ältesten geweckt, dessen Augen sich in größtem Erstaunen weit öffneten. Als er alles betrachtet hatte, sagte er: »Bevor ich einschlief, war meine Welt, war die Erde nur totes Gestein. Ihr habt sie in ein blühendes Paradies verwandelt. Jetzt ist sie von Licht überstrahlt, sie leuchtet in allen Farben, sie duftet und singt. Aber etwas fehlt noch!«

»Was fehlt noch, Ältester?«, fragte Ilmarinen und fachte mit dem Blasebalg das Feuer an, um dem himmlischen Herrscher gleich helfen zu können. Väinamoinen schwieg. Er, der die Vögel erschaffen und sie singen gelehrt hatte, ahnte, was der Älteste im Sinn hatte; so saß er nur still da und ließ die Finger über die Saiten seiner großen Kantela gleiten.

Der Älteste blickte gedankenverloren auf die Erde hinab, als ob er dort etwas sähe, und nach einem langen Schweigen sagte er lächelnd: »Jetzt ist für mich die Zeit gekommen, den Menschen und die Tiere zu erschaffen.«

Und das geschah.

Der sibirische Schöpfungsmythos der Tschuktschen

Die den Inuit, den Iglu-Bewohnern, benachbarten Tschuktschen im Nordosten Sibiriens – sie sind Ureinwohner des Landes – leben vorwiegend als nomadisierende Rentierzüchter in Zelten. Das raue Arktisklima bringt lange Nächte für Erzählungen am Feuer. Im knapp dargebotenen Schöpfungsmythos der Tschuktschen bringt der Schöpfer Rabe den Menschen die Sprache und das Sonnenlicht.

Am Anfang waren der Schöpfer, ein alter Mann, und Tangen, ein Knabe. Sie rangen, bis sie müde waren, dann sagte Tangen: »Lass uns Menschen erschaffen.«

»So soll es sein«, sagte der Schöpfer. Sie nahmen Hände voll Erde, hauchten diese an und formten die grashaarigen Menschen. Doch diese konnten nicht sprechen.

Tangen schrieb zwei Jahre lang und gab ihnen die Schriften – doch sie konnten noch immer nicht sprechen, und der Schöpfer lachte nur.

Im Weltbild der sibirischen Tschuktschen bildet der Polarstern das kosmische Zentrum, das die Abendwelt unten (hier feiern Schamanen ein Opferritual für den Seegott) mit der Welt des Morgens oben (hier bringt ein Schamane ein Jagdopfer dar) verbindet. Eine Querachse läuft von einer dritten Welt (mit Weltenbaum) von links nach rechts ins Offene. Vom Zentrum zur Morgenwelt hin erstreckt sich zwischen zwei Linien die Milchstraße.

Tschuktschenzeichnung aus Sibirien. Archiv McGraw-Hill.

Tangen schrieb weitere drei Jahre und noch einmal drei, doch nach wie vor konnten die Menschen nicht sprechen.

Da verwandelte sich der Schöpfer in einen Raben und krächzte die Menschen an. Sie krächzten zurück, und da konnten sie sprechen.

In Rabengestalt erstattete der Schöpfer dem Göttlichen Wesen im Himmel Bericht; und das Göttliche Wesen sandte den Menschen Rentiere als Nahrung.

Ehe das Göttliche Wesen die Sonne an den Himmel setzen konnte, stahl der Schöpfer Rabe sie und verbarg sie in seinem Schnabel. Tangens Boten kitzelten ihn, so dass er lachen musste, wobei die Sonne aus seinem Schnabel ans Firmament schlüpfte und die Welt erleuchtete.

Der chinesische Weltentstehungsmythos von P'an Ku

Die Denkweise, in der Einheit von Gegensätzen, die als abstrakte Prinzipien Yang (männlich, hell) und Yin (weiblich, dunkel) genannt werden, ein übergreifendes Ganzes zu sehen, ist in China uralt. Bis heute sind Yang und Yin in China (und darüber hinaus) grundlegende Symbolzeichen.

Im taoistischen Schöpfungsmythos (Tao = das Absolute, das als Mutter von Himmel und Erde alle Dinge hervorbringt) entsteigt der Weltenschöpfer P'an Ku dem Chaos, das die Form eines kosmogonischen Eis hat, und formt aus den Schalen dieses Eis den hellen Himmel (Yang) und die dunkle Erde (Yin). Um beides auseinanderzuhalten (jedes soll, ehe es das Ganze bildet, für sich bestehen), zwängt er sich für unendliche Zeiten zwischen Himmel und Erde, dabei immer weiter wachsend (= die Entfernung vergrößernd), bis Himmel und Erde endgültig getrennt sind. Zu diesem Zeitpunkt – Himmel und Erde sind jetzt ein übergreifendes Ganzes geworden – kann P'an Ku sterben, denn seine Aufgabe ist erfüllt.

»Eine der tiefsten Metaphern, die Mythen zur Beschreibung der Schöpfung benutzen, ist das Bild des göttlichen Opfers. Im chinesischen Schöpfungsmythos erleidet das Absolute, symbolisiert als großer lebender Gott, den Tod, um zur Welt zu werden. Erst als P'an Ku starb, konnte die Welt entstehen. Sein Tod war die Geburt des Universums« (Barbara Sproul).

Der Mythos vom sterbenden Riesen, der seinen Körper zum Wohl der Menschheit hingab, ist aus zwei von sechs Weltentstehungsmythen, die das alte China kannte, zusammengewachsen. Er entstammt einer ethnischen Minderheit aus dem Südwesten Chinas. Aufgezeichnet wurde er vermutlich im 3. Jahrhundert v. Chr.

Im Anfang war das Chaos, Leere, Dunkelheit, unergründliche Tiefe des Ur-Ozeans. Aus dem Chaos entstand das Ur-Ei, das Welten-Ei. Im Ei schlief ein erstes lebendes Wesen: P'an Ku.

Der Schlaf dauerte 18 000 Jahre. P'an Ku schlief und schlief und wuchs. Und P'an Ku begann sich zu strecken. Er wachte auf. Das Ei zerbrach.

Da war der helle leichte Teil des Eis, ganz vom Yang durchdrungen. Er hob sich auf. Er hob sich hoch. Der Yang-Teil wurde zum Himmel.

Der untere schwere Teil des Eis, er war vom Yin durchdrungen. Yin war dunkel. Es sank hinab. Der Yin-Teil wurde zur Erde.

Yang, das war der helle Himmel. Yin, das war die dunkle Erde.

P'an Ku war voller Furcht, dass Himmel und Erde sich wieder verbinden. Darum zwängte er seinen Körper dazwischen, zwischen Yang

Dargestellt wird P'an Ku oft als sitzender Riese mit Schilfgürtel, das Yin-Yang-Symbol in seinen Händen haltend.

und Yin. So hielt sein Kopf den Himmel oben, sein Fuß die Erde unten. Das dauerte wiederum 18 000 Jahre. P'an Ku aber wuchs und wuchs. Täglich wuchs er um drei Meter. Erde und Himmel entfernten sich. P'an Ku aber wuchs und wuchs, größer und größer. Er wurde riesig.

Schließlich sah er: Es wird nicht geschehen: Sie kommen nicht mehr zusammen. Erde und Himmel bleiben getrennt. Da schlief er ein, der Riese. Er schlief und schlief. Dann war es zu Ende. P'an Ku war gestorben.

Doch da geschah es: Aus seinem Körper, da wuchs die Welt hervor: Sein Atem wurde zu Wind und Wolken. Seine Stimme erzeugte den Donner. Aus dem linken Auge erstrahlte die Sonne, aus dem rechten schien der Mond. Seine Arme und Beine wurden zum Süden, zum Norden, zum Osten und Westen. Aus seinem Leib entstanden die Berge, all die Gebirge der Welt. Aus seinen Tränen wurden die Flüsse, aus seinen Venen Straßen und Wege. Sein Fleisch aber brachte die Bäume hervor. Sein Körperhaar wurde zu Gras und Blumen. Aus seinem Kopfhaar entstanden die Sterne. Seine Knochen und Zähne wurden zu Steinen.

Parasiten hatten auf ihm gelebt, Wanzen und Flöhe und Läuse. Aus ihnen wurden die Menschen der Welt, viele verschiedene Völker.

So geschah es. So entstand die Welt aus dem Körper des toten Riesen.

Der japanische Schöpfungsmythos von Izanagi und Izanami

Shinto, der »Weg der Götter«, ist die alte Religion Japans, entstanden um 300 v. Chr. Ursprünglich war der Shintoismus eine Anbetung von Naturkräften, die sich dann zu geheimnisvollen Geistwesen (Kami), danach zu Urgottheiten entwickelten.
Der früheste Text, in dem der Shinto-Glaube festgehalten wurde, und zwar 712 n. Chr. auf kaiserlichen Befehl, war das Konjiki (»Bericht über alte Begebenheiten«). Es stellt die vor der 522 erfolgten Einführung des Buddhismus in Japan weithin verehrten Shinto-Gottheiten vor. Es erzählt von der Entstehung der Welt aus einem ursprünglichen Chaos. Urgötter treten ins Dasein. Unter ihnen der Gott Izanagi (»der Umwerbende«) und seine Schwester und Frau Izanami (»die Umwerbende«). Beide erschaffen im Auftrag der Urgötter die japanischen Inseln. Ihr Werkzeug dabei ist »Ame no tamakobo«, der »himmlische Edelsteinspeer«.
Izanami wird bei der Geburt des Sohnes Kagutsuchi, des Feuergottes, tödlich verbrannt und verfällt unwiederbringlich der Unterwelt. Izanagi versucht sie zurückzuholen. Es gelingt ihm nicht. Als er bei der Rückkehr sein Gesicht im Meer wäscht, werden drei neue Gottheiten geboren, darunter Amaterasu, die Sonnengöttin. Sie wird die Ahnmutter des japanischen Kaisergeschlechtes. In der japanischen Fahne erscheint ihr Symbol.

Urgötter sind da, als Himmel und Erde entstehen. Izanagi ist da, Gott der lebensspendenden Kraft, und Izanami, seine Schwester, beide den anderen Urgöttern gleich.
 Die Urgötter geben den beiden Befehl: »Ordnet alles auf der Erde!« Sie geben den beiden den Himmelsspeer, mit Edelsteinen besetzt.
 Die beiden stellen sich Seite an Seite auf die schwebende Himmelsbrücke. Sie stoßen den Speer hinab in die Wasser. Sie rühren die Urwasser um. Sie heben den Speer. Da fällt ein Tropfen. Daraus wird die Insel Onokoro.
 Sie steigen auf die Insel hinab. Sie errichten eine Himmelssäule. Im Liebesspiel tollen sie um die Säule. Sie entdecken, wie man Kinder macht. Die beiden schlafen miteinander. Sie werden Mann und Frau. Und da entstehen sieben Inseln, die großen Inseln Japans. Und neue Götter werden geboren, der Gott der Erde, der des Meeres, der Gott der Winde und der Berge, der Gott der Jahreszeiten. Alle werden hervorgebracht von Izanagi und Izanami. Ein Gott ist der Feuergott Kagutsuchi, der Gott der verheerenden Brände. Bei seiner Geburt ein Feuerbrand. Und da geschieht es: Izanami verbrennt sich. Izanami

stirbt, so stark ist das Feuer. Sie kommt in die Unterwelt. Yomi ist es, das Reich der Toten. Izanami muss hier bleiben.

Ihr Mann aber tötet Kagutsuchi. Fünf neue Götter kommen hervor. Sehr verzweifelt ist Izanagi. Er will seine Frau zurück. Da dringt er in die Unterwelt ein. Er steigt ins »Land der Nacht« hinab. Laut ruft er dort nach Izanami. Sie aber kann ihn nicht hören. Von Yami hat Izanami gegessen. Das ist die Frucht des Todes. Wer davon isst, kann niemals zurück. Er bleibt im »Land der Nacht«.

Izanagi entzündet die Fackel. Da sieht er seine Frau. Sie ist schon verwest, ein entstellter Leichnam. Da weicht Izanagi zurück. Er will entkommen. Da sind die Wächter. Er wirft ihnen Früchte zu. Draußen rollt er den riesigen Steinblock. Er verschließt den Eingang zur Unterwelt.

Er läuft ans Meer. Er wäscht sein Gesicht. Da entstehen neue Götter: Amaterasu, die Herrin der Sonne, die am Himmel leuchtende Gottheit. Tsuhi-yomi entsteht, der Herrscher der Nacht. Tsuhi-yomi ist der Mondgott. Als dritter entsteht Gott Susano-wo, der Sturmgott, Beherrscher des Meeres.

Und Izanagi teilt die Welt. Er gibt sie seinen Kindern.

Er selber aber ist ohne Trost. Auf immer ist Izanami verloren.

Der Urgott Izanagi mit dem Himmelsspeer über dem Urwasser. Neben ihm seine Schwester Izanami.

Malerei auf Seide. 19. Jahrhundert. Museum of Fine Arts, Boston.

Der Schöpfungsmythos der Dogon

Unter den Dogon, einem afrikanischen Bauernvolk in Mali (Westafrika), entdeckte der französische Ethnologe Marcel Griaule, der jahrelang unter ihnen lebte, dass dies Volk eine tiefgründige Kosmogonie besaß. Der weise Stammesangehörige Ogotemmeli erzählte sie ihm in allen Details. Da der Dogon-Mythos im Original sehr umfangreich und vielschichtig ist, wird er hier in einer vereinfachenden Nacherzählung dargeboten: Ein Schöpfer- und Schmiedegott Amma erschafft die Gestirne, dann aus Lehm eine Frau, die er zum Weibe nimmt. Ihr erstes Kind ist der böse Schakal. Dann werden die Nommo-Zwillinge geboren, die wiederum im Himmel das erste Menschenpaar ins Leben rufen. Der erste Mann kann nicht warten, bis die Erde vom bösen Schakal befreit ist. Zu früh geht er wider den Willen der Nommo mit Frau, Kindern, Tieren, Pflanzen und dem Feuer über den Regenbogen zur Erde hinab. Dort aber stiftet der böse Schakal Unfriede, Krieg und Hass, die von jetzt an unter den Menschen herrschen.

Was für viele Stammesüberlieferungen in aller Welt gilt, sei hier (vgl. die Einleitung) noch einmal grundsätzlich bemerkt: In der Regel kannten nur »weise« Männer des jeweiligen Volkes die Mythen, denn diese waren heilig, wurden nur im Kult rezitiert und blieben so selbst den eigenen Stammesangehörigen weithin verborgen.

Dass Fremde, wie Marcel Griaule bei den Dogon (oder auch Frank Waters bei den Hopi bzw. Paul Radin bei den Winnebago in Nordamerika) diese Überlieferungen (teils wohl aus Sorge, sie könnten verloren gehen) erzählt bekamen, war jeweils ein einmaliger Vorgang. Keineswegs alle Stammesangehörigen waren mit solcher Weitergabe einverstanden.

Bevor die Welt begann, lebte Amma, der Schöpfer, im Himmel. Amma baute sich eine Schmiede und füllte sie mit Feuer, so dass der Himmel rot glühte. Dann nahm er etwas Lehm und rollte ihn zwischen seinen Handflächen zu einem Ball. Er legte den Lehmball in das Feuer der Schmiede.

Als der Ball weiß glühend war, nahm Amma ihn aus dem Feuer und legte acht rote Kupferringe um ihn herum. So schuf Amma die Sonne, die er an den Himmel setzte. Danach schuf er den Mond aus Lehm, indem er acht weiße Kupferringe um einen anderen Lehmball legte. Er setzte den Mond an den Himmel, damit er der Sonne folge. Aus den Resten des heißen Lehms machte Amma die Sterne. Er nahm ganze Hände voll davon und schleuderte sie weit hinaus in das Dunkel des Weltalls, wo sie wie leuchtender Staub schimmerten.

Amma nahm noch mehr Lehm und schuf die Erde. Dann drückte

er ein wenig Lehm flach aus und gab ihm die Gestalt eines weiblichen Körpers, dessen Kopf nach Norden zeigte. Als die Erde geschaffen war, erkannte Amma, wie einsam er selbst war, und so blies er mit seinem Atem Leben in die Lehmfrau und nahm sie sich zur Frau.

Als sie das erste Mal zusammenlagen, hatte die Frau Angst vor ihrem neuen Ehemann. Wegen ihrer Furcht war das erste Kind, das sie gebar, der Schakal, und er war böse und gemein. Anstatt im Himmel zu leben, versteckte sich der Schakal auf der Erde und wartete auf jede Gelegenheit, Unfrieden zu stiften.

Als Amma das nächste Mal bei der Frau lag, gebar sie Zwillinge, einen männlichen und einen weiblichen. Dies waren die Nommo. Der obere Teil ihrer Körper war menschlich, aber die untere Hälfte war wie der Körper einer Schlange.

Die Augen der Nommo brannten rot wie das Feuer aus Ammas Schmiede, und ihre Körper waren bedeckt mit glitzerndem grünen Haar. »Meine Kinder«, sagte Amma zu den Nommo, »ich möchte, dass ihr die Vorfahren aller Menschen erschafft, die eines Tages auf der Erde leben werden. Macht auch Pflanzen, die sie anbauen können, und Tiere, die die Welt mit ihnen teilen, aber zeigt ihnen nicht das Feuer. Wenn die Menschen das Feuer haben, werden sie die Geheimnisse der Schöpfung lernen und meine Macht nicht mehr anerkennen.«

Die Nommo nahmen Stöcke und zeichneten die Umrisse von zwei Körpern, einem männlichen und einem weiblichen, auf den Boden des Himmels. Dann bliesen sie ihren Atem auf diese Umrisse, und die Umrisse wurden zum ersten Mann und zur ersten Frau. Der Mann und die Frau lebten im Himmel, und die Frau gebar acht Zwillingspaare, acht männliche und acht weibliche Kinder. Sie sollten die Ahnen des Dogon-Volkes werden.

Serau, der erste Mann, ging zu den Nommo und sagte: »Lasst mich und meine Familie auf die Erde hinuntergehen, damit wir Samen pflanzen und Früchte anbauen. Gebt uns Feuer, damit wir Dinge schaffen können.« »Noch nicht«, sagten die Nommo. »Die Erde ist noch nicht bereit für euch. Wartet noch ein wenig, bis wir den Schakal gefunden und zurück in den Himmel gebracht haben, damit er euch kein Leid zufügen kann.«

Aber Serau wollte nicht warten. Heimlich baute er einen Kornspeicher aus Lehm. In diesen Kornspeicher setzte er seine Frau und seine

Schrein der Dogon aus getrocknetem Lehm. Die Zeichnungen stellen den Kornspeicher dar, den der erste Mensch auf seinem Weg vom Himmel zur Erde mitnahm.

Kinder und alle Pflanzen und Tiere, die sie auf der Erde brauchen würden. Dann schlich sich Serau in Ammas Schmiede und stahl das Feuer. Er tat es in einen ledernen Blasebalg und versteckte den Blasebalg im Kornspeicher. Serau hob den Kornspeicher hoch auf seine Schultern und rannte zum Regenbogen, der den Himmel mit der Erde verbindet.

Die Nommo sahen Serau weglaufen und wurden sehr böse. »Komm zurück!«, riefen sie. »Die Erde ist noch nicht bereit!« Aber Serau hörte nicht. Er sprang auf den Regenbogen und begann auf ihm zur Erde hinunterzugleiten. Die Nommo schleuderten Blitze und Donner nach ihm. Der grollende Donner betäubte Serau, und als ein Blitz ihn traf, fiel er vom Regenbogen. Der Kornspeicher fiel von seinen Schultern und verstreute Menschen, Tiere und Samen in alle Richtungen.

Als Serau auf der Erde aufschlug, brach er sich Arme und Beine; und seitdem sind die Arme und Beine der Menschen an den Ellbogen und Knien gebogen.

Die Menschen waren jetzt über die ganze Erde verstreut, aber wo sie auch waren, spürte der Schakal sie auf und stiftete Unfrieden. Er lehrte die Menschen unterschiedliche Sprachen, sodass sie sich untereinander nicht mehr verstehen konnten. Er erzählte ihnen Lügen, die sie mit Angst und Hass erfüllten. Er machte Waffen und zeigte den Menschen, wie man tötet und Kriege führt. Weil Serau nicht warten wollte, bis die Erde bereit für ihn war, können die Menschen auf der Erde nun nicht in Frieden zusammenleben.

Nacherzählt von Andrew Matthews

Der Schöpfungsmythos der Yóruba

Das Volk der Yóruba im Südwesten von Nigeria, früher von Königen regiert, lebt zur Hälfte in so genannten Yóruba-Städten, Stadtdörfern, von denen aus die umliegenden Felder bestellt werden. Die Yóruba haben eine reiche religiöse Tradition mit einem detaillierten Schöpfungsmythos. Ihr geistliches Oberhaupt, der Oni von Ife, der heiligen Stadt der Yóruba, gilt als Nachkomme des Weltenschöpfers.
In der Gegenwart üben religiöse Vorstellungen der Yóruba als Folge der Verschleppung afrikanischer Sklaven durch die Europäer in die »Neue Welt« starken Einfluss auf schwarze Volksreligionen von der Karibik bis Brasilien aus.

Obatala, zweiter Schöpfergott neben dem Himmelsherrn Olorun, klettert an einer Goldkette vom Himmel herunter, erschafft eine kultivierte Erde, macht Menschen aus Lehm und lässt ihnen von Olorun Atem einhauchen. Olokun, die dunkle Meeresgöttin von Anfang an, widersetzt sich dieser Schöpfung und lässt eine Sintflut kommen, der aber von Orunmila, einem Sohn Oloruns, ein Ende gesetzt wird. Daraufhin beginnt die Meeresgöttin Olokun mit dem Himmelsherrn Olorun einen Wettkampf um farbige Webereien, den dieser indes mit Hilfe des Chamäleons Agemo siegreich zu bestehen weiß. Von da ab gibt Olokun Ruhe.

Am Anfang der Zeit gab es hier, wo die Menschen jetzt wohnen, kein festes Land. Nur Raum war da und Himmel und, weit unten, eine unendliche Wasserfläche und wilder Sumpf. Herr im Himmelreich war der Gott Olorun. Außer ihm gab es noch viele andere Götter. Sie hatten alle besondere Eigenschaften, aber keiner besaß so viel Weisheit und Macht wie Olorun. Einer von ihnen war Orunmila, der älteste Sohn Oloruns. Diesem hatte Olorun die Kraft gegeben, das Geheimnis des Daseins zu verstehen und das Schicksal vorherzusagen. Ein anderer war der Gott Obatala, dem Olorun vertraute wie seinem eigenen Sohn. Wieder ein anderer war Eschu, dessen Charakter weder gut noch schlecht war. Er beherrschte die Vortragskunst und war deshalb Oloruns Sprecher. Diese Götter und auch noch andere, die im Himmelreich lebten, erkannten Olorun als Herrn an. Vertrauter Diener Oloruns war Agemo, das Chamäleon.

Tief drunten herrschte die Göttin Olokun über weite Wasserflächen und wilde Sümpfe, ein graues Gebiet ohne Lebewesen. Es gab weder Tiere noch Pflanzen. So war es damals: oben Oloruns lebendiger Himmel, unten Olokuns Wasserreich. Kein Reich belästigte das andere. Sie waren getrennt und weit voneinander entfernt. Die Götter des Himmels lebten dahin, ohne auch nur zu bemerken, was unter ihnen lag.

Alle, außer Obatala. Der schaute hinab auf Olokuns Reich und dachte darüber nach. Er sagte sich: »Da unten ist alles eine einzige große nasse Eintönigkeit. Kein Anzeichen von irgendwelchem Leben.«

Da ging er zu Olorun und sagte: »Olokuns Reich ist nichts als Meer, Sumpf und Nebel. Wenn es da festes Land gäbe, Felder und Wälder, Täler und Hügel, würde es sicher von Lebewesen bevölkert.«

Olorun antwortete: »Ja, es wäre schon gut, das Wasser mit Land zu bedecken, aber wer soll die Arbeit machen? Und wie soll sie gemacht werden?«

Obatala sagte: »Ich mache das schon.« Er verließ Olorun und ging zu Orunmila, der die Geheimnisse des Daseins verstand, und sagte zu ihm: »Dein Vater hat mich beauftragt, hinunterzugehen und Land zu schaffen, wo jetzt nur Sumpf und See ist, so dass Lebewesen einen Ort haben, wo sie ihre Städte bauen und Felder anlegen können. Orunmila, unterweise mich. Wie kann man die Arbeit anfangen?«

Orunmila holte sein Orakelbrett und warf sechzehn Palmnüsse darauf. Er las ihre Bedeutung aus dem Wurf, sammelte sie wieder ein, warf sie wieder und las ihre Bedeutung. Nachdem er sie mehrmals geworfen und so Bedeutung zu Bedeutung gefügt hatte, sagte er: »Das musst du tun: Klettere an einer goldenen Kette zur Wasserwüste hinab. Nimm ein Schneckenhaus voll Sand mit, eine weiße Henne zum Zerstreuen des Sandes, eine schwarze Katze als Gefährtin und eine Palmnuss. Das sagen uns die Orakelfiguren.«

Da ging Obatala zum Goldschmied und gab eine goldene Kette in Auftrag, lang genug, um vom Himmel auf die Wasserfläche zu reichen. Der Goldschmied fragte: »Gibt es im Himmel genügend Gold, um eine solche Kette herzustellen?«

Obatala antwortete: »Ja, fange an zu arbeiten. Ich sammle das Gold.« Von der Schmiede ging Obatala zu Orunmila, Eschu und den anderen Göttern und bat jeden um Gold. Sie gaben ihm, was sie hatten, einige Goldstaub, andere Ringe, Armreifen oder Anhänger. Obatala sammelte alles Gold und brachte es dem Goldschmied. Der Goldschmied sagte: »Ich brauche mehr Gold.«

Obatala ging wieder auf Goldsuche. Er kehrte zum Schmied zurück und sagte: »Hier ist mehr Metall für deine Kette.« Der Goldschmied sagte: »Ich brauche noch mehr.« Obatala sagte: »Es gibt kein Gold mehr im Himmel.« Der Goldschmied sagte: »So wird die Kette nicht bis aufs Wasser reichen.«

»Macht nichts«, antwortete Obatala, »mach die Kette trotzdem. Wir werden sehen.« Der Goldschmied machte sich an die Arbeit. Als er mit der Kette fertig war, brachte er sie Obatala. Obatala sagte: »Sie muss einen Haken am Ende haben.« – »Es gibt kein Gold mehr«, sagte der Goldschmied. »Nimm ein paar Glieder heraus«, antwortete Obatala, »und schmelze sie ein.« Der Goldschmied entfernte ein paar Glieder und machte am Ende einen Haken daraus. Die Kette war fertig. Er brachte sie Obatala.

Obatala sagte: »Jetzt bin ich soweit.« Er befestigte die Kette am

Himmelsrand und ließ sie hinab. Orunmila gab ihm die benötigten Dinge – ein Schneckenhaus mit Sand, eine weiße Henne, eine schwarze Katze und eine Palmnuss. Dann packte Obatala die Kette mit Händen und Füßen und begann den Abstieg. Die Kette war sehr lang. Als er halb unten war, sah Obatala, dass er das Land des Lichts verließ und ins Gebiet der Düsternis kam. Dann hörte er die Brandung und fühlte feuchte Nebel aus Olokuns Reich aufsteigen. Er kam ans Ende der Kette, war aber noch nicht unten, und so hing er da und dachte: »Wenn ich jetzt loslasse, stürze ich ins Meer.«

Da hörte er Orunmilas Stimme von oben: »Den Sand!« Obatala nahm das Schneckenhaus aus seinem Beutel und schüttete den Sand aus.

Wieder hörte er Orunmilas Stimme: »Die Henne!« Obatala ließ die Henne an der Stelle frei, wo er den Sand hingeschüttet hatte. Sofort fing die Henne an, in dem Sand herumzukratzen und ihn in alle Richtungen zu zerstreuen. Wo der Sand auch hinflog, wurde er festes Land. Weil er ungleichmäßig verteilt wurde, bildete er Täler und Hügel. Nachdem das alles geschehen war, ließ Obatala die Kette los, sprang herab und ging auf der so geschaffenen Erde. Das Land breitete sich in alle Richtungen aus, aber es gab noch kein Leben.

Die Stelle, an der Obatala auf die Erde gekommen war, nannte er Ife. Er baute sich ein Haus. Er pflanzte seinen Palmkern, und eine Palme schoss aus der Erde. Sie wuchs und warf Palmnüsse ab. Mehr Palmen entstanden. Obatala lebte mit seiner schwarzen Katze als einziger Gefährtin.

Nach einiger Zeit wollte der Himmelsgott Olorun wissen, wie Obatalas Unternehmen gedieh. Er befahl Agemo, dem Chamäleon, an der goldenen Kette hinabzuklettern und Obatala in seinem Haus in Ife zu besuchen. So geschah es. Agemo sagte: »Olorun hat mir aufgetragen: Geh hinunter und finde für mich heraus, wie die Dinge mit Obatala stehen. Deshalb bin ich hier.«

Obatala antwortete: »Das Land ist geschaffen, wie du siehst, und Palmenhaine wachsen reichlich. Aber es ist zu düster. Das Land sollte beleuchtet sein.« Agemo kehrte in den Himmel zurück und berichtete Olorun, was er erfahren hatte. Olorun wollte auch, dass unten Licht sein sollte. Er schuf die Sonne und setzte sie in Gang. Danach gab es Licht und Wärme, wo vorher Olokuns düsteres Reich war.

Obatala lebte nur mit seiner schwarzen Katze als Gefährtin. Er dachte: Sicherlich wäre es besser, wenn hier viele Leute lebten. Er beschloss, Menschen zu schaffen. Er grub Lehm aus dem Boden, formte menschliche Gestalten und legte sie zum Trocknen in die Sonne. Er arbeitete pausenlos und wurde müde und durstig. Er sagte sich: »Es sollte hier doch eigentlich Palmwein geben, um einem bei der Arbeit weiterzuhelfen.« Er hörte mit dem Menschenmachen auf, ging zu den Palmen, zapfte ihren Saft, machte Palmwein daraus und trank. Er trank eine ganze Weile. Als er merkte, wie alles um ihn herum verschwamm, legte er sein Trinkgefäß, die Kalebasse, hin und machte sich wieder an die Formung menschlicher Gestalten. Aber weil Obatala so viel Palmwein getrunken hatte, waren seine Finger ungeschickt, und ein paar Gestalten missrieten. Einige hatten krumme Rücken oder krumme Beine oder zu kurze Arme. Andere hatten nicht genügend Finger, wieder andere waren verkrümmt statt gerade. Obatala merkte nichts.

Als er genügend Figuren geformt hatte, um Ife zu bevölkern, rief er den Himmelsgott Olorun an und sagte: »Ich habe Menschen gemacht, die mit mir hier in Ife leben sollen, aber nur du kannst ihnen den Lebensatem einhauchen.« Olorun hörte Obatalas Bitte und blies Atem in die Lehmfiguren. Da waren sie nicht mehr länger aus Lehm, sondern Menschen aus Fleisch und Blut und Sehnen. Sie standen auf und bauten sich in der Nähe von Obatalas Haus selber Häuser, und so wurde der Ort, den Obatala Ife genannt hatte, zur Stadt Ife. Aber als die Wirkung des Palmweins nachließ, sah Obatala, dass einige der von ihm geschaffenen Menschen missgebildet waren. Reue erfüllte sein Herz. Er sagte: »Nie mehr trinke ich Palmwein. Von jetzt an will ich der besondere Schutzgott sein für alle Menschen mit missgebildeten Gliedern oder sonstigen Schäden.« Auf Obatalas Bitte mieden die Menschen, die ihm später dienten, den Palmwein.

Nun, da Menschen auf der Erde wohnten, gab Obatala ihnen Werkzeuge zum Arbeiten. Noch gab es kein Eisen in der Welt, und so erhielt jeder Mann eine hölzerne Hacke und ein kupfernes Buschmesser. Die Menschen pflanzten Hirse und Jams, und Obatala regierte als König.

Eines Tages sehnte sich Obatala wieder nach dem Himmel. Er stieg an der goldenen Kette hinauf, und seine Rückkehr wurde mit einem Fest gefeiert. Die Götter lauschten seinen Beschreibungen von dem Land, das da unten geschaffen war, und viele beschlossen, hinabzusteigen und unter den jüngst geschaffenen Menschen zu leben. So verließen viele Götter den Himmel, vorher aber wurden ihnen von Olorun ihre Aufgaben zugeteilt. »Wenn ihr euch auf der Erde niederlasst«, sagte er, »vergesst nie eure Pflichten den Menschen gegenüber. Ihr seid die Beschützer der Menschen. Obatala, der als erster die Kette hinabstieg und das Wasser trocknete, ist mein Abgesandter auf Erden. Doch jeder von euch hat eine besondere Verantwortung da unten.«

Aber Olokun, die Göttin des Wassers, in deren Reich das Land geschaffen worden war, war verärgert und gekränkt. Eines Tages, als Obatala wieder einmal im Himmel war, beschloss sie, das Land zu zerstören und wieder durch Wasser zu ersetzen. Sie sandte große Wogen an die Ufer und überflutete die tiefer gelegenen Flächen. Sie überschwemmte die Äcker und ertränkte viele Menschen aus Ife. Alles, was Obatala geschaffen hatte, verschwand wieder. Die Menschen riefen Obatala zur Hilfe, aber er hörte sie nicht. Da gingen sie zu Eschu, der jetzt auf der Erde lebte, und baten ihn, Obatala über das Unglück, das über sie hereingebrochen war, zu unterrichten.

Eschu stieg hinauf in den Himmel und berichtete Obatala, was mit dem Land und den Menschen, über die er herrschte, geschah.

Obatala war bekümmert. Er wusste nicht, wie er mit Olokun fertig werden sollte. Er ging zu Orunmila und bat ihn um Rat. Orunmila befragte seine Orakelnüsse und sagte dann zu Obatala: »Bleib hier im Himmel und ruhe dich aus. Dieses Mal steige ich hinab. Ich werde das Wasser zurückdrängen und das Land wieder emporheben.« So stieg Orunmila statt Obatala nach Ife hinab. Orunmila war Oloruns ältester Sohn und besaß daher Zauberkräfte. Er dämmte Olokuns Wogen ein, trocknete die Sümpfe und drängte das Meer zurück.

Danach wollte Orunmila wieder in den Himmel zurück, aber die Menschen baten ihn wegen seiner Kenntnisse, bei ihnen zu bleiben. Orunmila wollte aber nicht für immer in Ife bleiben. Deshalb lehrte er einige Menschen die Kunst, die unsichtbaren Kräfte zu lenken. Andere lehrte er die Kunst des Orakels, das heißt die Kenntnis, die Wünsche und Absichten des Himmelsgottes Olorun zu erkennen. Einige lehrte er das Palmnussorakel, andere lehrte er, durch das Werfen von Kaurimuscheln, Sand oder Ketten die Zukunft vorherzusagen. Dann kehrte Orunmula in den Himmel zurück; was er den Menschen über das Orakel beigebracht hatte, ist nie mehr in Vergessenheit geraten. Es ist von einer Generation der anderen weitergereicht worden.

Die irdische Ordnung nahm nun Gestalt an. Aber zwischen Olokun, der Meeresgöttin, und dem höchsten Gott Olorun war nicht alles im Reinen. Olokun überlegte, wie sie den Himmelsgott demütigen oder überlisten könnte. Die Kräfte der Himmelsgötter hatten sich zwar als stärker erwiesen, aber Olokun besaß die Kenntnis des Webens und Färbens. Sie besaß fein gewebte Tücher in leuchtenden Farben und war überzeugt, damit allen anderen Göttern, Olorun eingeschlossen, überlegen zu sein. Eines Tages schickte sie Olorun eine Botschaft und forderte ihn zu einem Wettstreit auf, wer die größere Kenntnis in der Tuchweberei habe.

Olorun erhielt die Herausforderung und dachte: Olokuns Kenntnisse in der Tuchherstellung sind besser. Was soll ich tun? Er dachte nach. Dann ließ er Agemo, das Chamäleon, rufen und gab ihm eine Botschaft an Olokun. Agemo stieg vom Himmel herab zu Olokun und sagte:»Olorun, der Herr des Himmels, lässt dich grüßen. Er sagte, er nehme den Wettstreit an. Deshalb bittet er dich, mir ein paar deiner glänzendsten Webereien zu zeigen, damit ich ihm darüber berichten kann.«

Olokun war eitel, es gefiel ihr, Agemo ihre Tücher zu zeigen. Sie wickelte sich in ein Tuch aus leuchtendem Grün und führte es dem Chamäleon vor. Als Agemo hinschaute, nahm seine Haut die Farbe des Tuches an. Dann zog Olokun ein orangefarbenes Tuch an, und Agemos Haut färbte sich orange. Als Olokun ein rotes Tuch hervorholte, färbte sich Agemos Haut rot. Olokun geriet ganz durcheinander. Sie versuchte ein vielfarbiges Tuch, und die Haut des Chamäleons färbte sich in denselben Farben. Olokun dachte: Dabei ist das nur ein Bote. Wenn der schon so genau die Farben wiedergeben kann, was wird Olorun dann erst können?

Die Meeresgöttin sah die Aussichtslosigkeit eines Wettstreites ein und sagte zu Agemo:»Grüße den Herrn des Himmels von mir. Sage ihm, Olokun erkennt seine Größe an.« So blieb Olorun Herr aller Dinge.

Der Schöpfungsmythos der Herero

Viele afrikanische Völker verehren einen Schöpfergott, der oben wohnt und von dorther auf Welt und Menschen einwirkt. Einige Stämme können mit einem solchen Gott »von oben« wenig anfangen. Ihnen ist ein weltimmanenter Schöpfergott näher. So auch den Herero im mittleren und nördlichen Namibia, einem teilweise nomadisierenden Volk, das Großviehzucht betreibt. Sie verehren den sagenhaften Uralten, den Urahn, den Stammvater ihres Volkes als Schöpfer. Der Herero-Mythos handelt von der Schöpfung der Menschen, der Tiere und des Feuers.

In grauer Vorzeit, als es weder Menschen noch Kinder, jedoch schon Pflanzen und Wildtiere gab, lebte bereits der Urahn. Er konnte sich verwandeln; denn er war ein großer Zauberer. Wenn er wollte, konnte er als Tiger brüllen, als Strauß herumlaufen oder die Gestalt einer Echse annehmen.

Eines Tages ging der Uralte zum *Heiligen Baum*, dem Ursprungsort des Lebens. Der alte Zauberer war bunt bemalt und mit magischen Geräten versehen. Vor dem *Heiligen Baum* beschwor er den Buschgeist. Dann rief er aus dem *Stammbaum* die ersten Hereroleute hervor. Es waren seine Söhne und Töchter.

Der alte Mann sagte zu ihnen: »Ihr sollt auf der Erde leben, Pflanzen sammeln und Wild jagen. Ich werde euch beschützen!«

Die Familie des Urahnen vermehrte sich. Die Kinder wuchsen heran, besaßen Kinder und Enkelkinder. Sie zogen umher, jagten, sammelten und suchten Wasser. Sie verehrten den Stammvater ihres Geschlechts und gehorchten seinen Befehlen.

Auch die Familien der Söhne nahmen zu an Zahl. Ihre Kinder und Kindeskinder unterwarfen sich den Vätern, die als Häuptlinge und Priester die Geschicke der Gemeinschaft lenkten. Sie genossen als Sippenahnen die Verehrung ihrer Nachkommen. Aus dem Samen des *Heiligen Baumes* pflanzten die Sippenhäuptlinge heilige Bäume für ihre Familien. Hier versammelten sie sich, um zu beten, die Geister der Toten zu beschwören und wichtige Beschlüsse zu fassen.

Eines Tages gingen die Sippenhäuptlinge zum Uralten. »Vater«, sagten sie zu ihm, »wir verdanken dir das Leben. Ohne dich wären wir nicht geboren worden. Wir haben uns im Land verbreitet, und unsere Kinder gedeihen. Aber das Leben ist hart. Manchmal haben wir nicht genug zu essen. Gib uns etwas, damit unser Dasein erträglicher wird!«

Da trat der Urahn vor den *Heiligen Baum* und rief die Rinder hervor. Er verteilte sie unter seine Söhne und sagte: »Haltet sie heilig. Sie geben euch Milch und Fleisch. Ihr könnt aus dem Horn Geräte machen, aus dem Fell Kleider und Wasserschläuche. Jede Familie soll einen Stier halten als Ahnen- und Opfertier. Ihr sollt ihn verehren, wie ihr mich verehrt, denn er ist das Sinnbild der Fruchtbarkeit.«

So war das Leben gut. Die Rinderherden vermehrten sich. Die Familien zogen von Weide zu Weide, und wenn das Vieh die Gräser gefressen hatte, wanderten sie weiter. In der Mitte des Landes lebte der Urahn. Er war die Mitte ihres Lebens. Er war ihre Kraft.

Eines Tages traten die Familienoberhäupter erneut vor ihren Schöpfervater. »Herr«, sagten sie zu ihm, »du hast uns geschaffen. Wir sind ein großes Volk geworden. Du hast uns zu essen gegeben. Du hast uns Werkzeuge geschenkt und gezeigt, wie wir sie benutzen können. Wir gehorchen deinem Wort. Aber es fehlt uns das Licht.« Der Uralte runzelte die Stirn. Er wies zum Himmel. »Die Sonne ist das Licht. Sie macht den Tag hell.«

»Es ist gut so, Vater«, antworteten die Häuptlinge. »Aber die Nacht ist dunkel und kalt. Sie ist mit Geistern belebt, und wir fürchten uns vor ihnen. Wenn wir ein Licht hätten, könnten wir uns in der Nacht daran wärmen und hätten keine Angst mehr.«

Da trat der Urahn zum drittenmal vor den *Heiligen Baum* und rief das Feuer hervor. Er schenkte es seinem Volk. »Haltet es heilig!«, befahl der Patriarch, den sein Volk wie einen Gott verehrte.

Am heiligen Feuer, das aus dem Ahnenbaum kam, entzündete jede Sippe ihr eigenes Feuer. Im großen heiligen Feuer des Stammes lebte der Urahn weiter. Er konnte nicht sterben, weil sein Geist im Feuer war. Und das Feuer ist unsterblich.

Der islamische Suaheli-Schöpfungsmythos

In den ersten Jahrhunderten des Islam verbreitete sich der Allah-Glaube rasch im nordöstlichen Afrika. Doch erst um 1850 erreichte er auch suahelisprechende Volksgruppen an der Küste von Kenia und Tansania. Hier entstanden Schöpfungsmythen, die ganz den Geist des Koran atmen. Himmel und Höllen, je sieben an der Zahl (die tiefste Hölle für die Ungläubigen), spielen eine wichtige Rolle. Sonst aber ähnelt der farbig erzählte Suaheli-Mythos weithin Schöpfungspsalmen des Alten Testamentes – bekanntlich beruht der Koran in vielen seiner Texte auf biblischer Überlieferung. Der aus einem anderen Suaheli-Mythos übernommene Schlussteil (Erschaffung des Adam) liest sich geradezu wie eine Entfaltung von Genesis 2,7.

Als Gottes Zeit gekommen war, begann Er die Welt aus Materie zu schaffen. Taghimmel und Nachthimmel rollte Er aus wie ein unendliches Zelt oder wie Teppiche mit geheimnisvollen Zeichen und Symbolen. Am Nachthimmel brachte er Fixsterne wie unbeweglich brennende Lampen an. Andere Sterne bewegen sich über den Himmel und folgen jeder einer Bahn, die Er allein kennt. Auch der Mond wandert über den Nachthimmel und ändert seine Gestalt, wie Er es will. An den strahlenblauen Taghimmel setzte Er die glühende Sonne und gab ihr den Befehl, im Osten aufzugehen, über den Himmel zu reisen und im Westen zu versinken. Er erschuf Wolken und bemalte sie mit verschiedenen Farben, damit sie wie Schiffe über den Taghimmel segeln sollten. Am Abend lässt Er sie rot erglühen. Manche sind dunkel und schwer vom Regen, den Er über das Land ausgießt, wenn Er will, dass es Frucht trage.

Er erbaute die Welt mit sieben Himmeln, wobei der siebte die unterste Stufe des Paradieses ist. Jeder Himmel hat seinen eigenen Planeten, der niedrigste ist der Mond. Der zweite Himmel wird von Merkur regiert, der dritte von Venus, der vierte von Mars, der fünfte von Jupiter, der sechste von Saturn und der siebte von der Sonne. Die Wächter dieser Himmel sind die Seelen von acht Propheten Gottes. Es sind Adam im ersten Himmel, Isa (Jesus) und sein Cousin Yahja (Johannes der Täufer) im zweiten, Jusufu (Josef) im dritten, Idirisi (Henoch) im vierten, Haruni (Aaron) im fünften und Musa (Moses) im sechsten. Abraham ist der Wächter des siebten Himmels. Sein Platz ist nahe der Mauer der Himmlischen Moschee, wohin jeden Tag

70 000 Engel kommen, um zu beten – und es sind niemals die gleichen. Gegenüber den hohen Himmeln liegen die tiefen Höllen, auch mit sieben Stufen, wovon die eine immer schrecklicher ist als die darüberliegende und jede einer bestimmten Sorte Sünder zugedacht ist. In der tiefsten Hölle, am weitesten von ihrem Schöpfer entfernt, befinden sich die Ungläubigen. Sie werden dort ewig gequält.

Dann breitete Gott die Erde aus wie einen Teppich für die Menschen, auf dem sie bei ihrer Mahlzeit sitzen konnten. Denn die Erde ist voll Nahrung für alle Geschöpfe des Herrn. Einige ihrer Teile bedeckte Er mit unfruchtbarem Sand, doch ließ Er, wo Er es wollte, Gras sprießen für die Huftiere und Bäume für die Affen und fruchttragende Pflanzen mit bunten Früchten, ein Labsal für die Zunge.

Er trennte das Land vom Meer und schuf den unermesslichen Ozean auf der einen Seite und die hohen Mauern der Kontinente auf der anderen. Die Felsen häufte Er zu drohend aufragenden Gebirgen und befahl den Wasserströmen, in kristallenen Wildbächen herabzuschießen.

Er säte die Inseln wie farbige Sträuße, die aus dem Ozean wachsen, ein herrlicher Anblick für die schnell segelnden Seeleute. Er befahl ruhige Seen, in denen sich der blaue Himmel widerspiegeln konnte, und mächtige Flüsse, die die Ebenen durchströmen sollten.

Auch gab Er dem Wind eine Stimme, um auf seiner Fahrt über die Länder zu flüstern oder zu brüllen. Er treibt die Wolken in alle Richtungen und trägt die Vögel auf seinem mächtigen Rücken. Er bläst die Schiffe zu ihren Zielen und peitscht die Wellen zu ungeheurer Wut.

Dann befahl Er der Erde, von Insekten zu wimmeln, und siehe, hunderttausend Arten krochen durch den Sand und flogen mit durchsichtigen Flügeln in der Luft. Die Schmetterlinge flattern, die Käfer kriechen. Sie alle tragen Symbole auf dem Rücken, die auf ihren Schöpfer hinweisen. Dann entließ Er Schwärme von Vögeln, die sich fröhlich in die Lüfte erhoben. Einige setzten sich auf Zweige, um ihren Schöpfer mit Liedern unbekannter Sprache zu preisen. Andere bauten ihre Nester, und Er allein unterwies sie darin.

Dann befahl er dem Ozean, sich mit Fischen der verschiedensten Formen zu füllen, und so geschah es. Nur Er weiß, wie viele es sind – jeder hat eine andere Farbe. Dann befahl Er den Eidechsen, ins Dasein zu treten, und sie gehorchten und badeten sich im Sonnenschein. Und

Er rief die quakenden Frösche ins Leben, die den Herrn in ihrer eigenen Sprache preisen. Nur Er weiß, wie viele es sind und wie viele Eier sie legen müssen.

Dann rief der Barmherzige Schöpfer die größeren Tiere ins Dasein, und sie gehorchten. Und sie lobten ihn, brüllend und blökend. Er schuf die Fleisch fressenden Tiere mit Klauen und die heulenden Aasfresser. Er entwarf die geduldige Giraffe und den zornigen Büffel, die Antilopen- und Zebraherden, das flussbewohnende Nilpferd und den Elefantengiganten.

Nur Er weiß, wie viele Arten es gibt. Er kennt die Farbe jeder Feder, die Schärfe jedes Zahns. Er schuf die Herden der gehorsamen Kühe mit milchstrotzenden Eutern und das langbeinige Kamel, das wandert, ohne zu dürsten. Er wies dem Schmetterling seine Lebenszeit zu und zündete das Glühlicht der Feuerfliege an. Und Er gab Seiner Schöpfung ihr Gesetz: Die kleinen Fische werden von den großen gefressen, die von den noch größeren verschlungen werden. Die Geier stoßen vom Himmel herab auf die Knochen der verendenden Tiere. Er lässt grüne Blätter für die Ziegen sprießen. Er macht, dass die Taube den leisen Flug des Falken nicht bemerkt. Er gibt Würmern und Maden die toten Körper, dann gibt Er die Würmer den Hühnern und das nichtsahnende Huhn dem Adler, der mit ihm den freien Himmel hinauffliegt.

Alle Geschöpfe lässt Er wachsen und sich vermehren. Frische grüne Grasbüschel sprießen nach jedem Buschfeuer hervor. Weiche rötliche Mangofrüchte schwellen jedes Jahr zwischen den dunkelgrünen Blättern am Mutterbaum.

In jeder Regenzeit schwärmen die weißen Ameisen aus, und das Geräusch ihrer unzähligen Füße ist wie die ersten schweren Regenschauer. Auf ihren eigenen Straßen marschieren die schwarzen Ameisen und brüten ihre Jungen in ihren Hügeln aus. Wo gibt es ein Tier, das keine Jungen hat? Die Pavianbabys klammern sich an die Brüste ihrer Mutter, das langbeinige Giraffenfohlen saugt am Euter seiner Mutter: Wo ist etwas, was Er vergessen hätte? Erkennst du nicht, dass all diese Wunder Zeichen Seiner unendlichen Weisheit und Seiner unermesslichen Macht sind?

*

Dann nahm Gott eine Handvoll fetten Lehms, grau und fest, und knetete ihn zur Gestalt eines Menschen. Adam (»Erde«) war fertig. Es fehlte ihm nur noch eines – Leben. Gott sprach das Wort, und es kam zu Adam. Leben rann durch seinen Mund in ihn ein und breitete sich durch seinen Körper aus. Leben strömte durch Adams Adern und gab seiner Haut Farbe. Blut strömte in Hände und Füße und machte sie fähig zur Bewegung. Wärme drang in seine Muskeln, und die ersten Funken des Denkens sprangen in seinem dunklen Hirn auf. Adam überlief ein Schauer. Seine Augenlider zitterten, und er öffnete sie wie den Deckel eines Koffers mit Juwelen. Die Engel hielten den Atem an, als sie sahen, wie diese zarte Gestalt ihre kristallenen Augen öffnete, um das Sonnenlicht einzulassen. Und Adam öffnete den Mund, sog den Atem ein, seine Zunge bewegte sich, und seine Stimme erklang, die Größe seines Schöpfers verherrlichend: »Al-Hamdu Lillahi r-Rahmani r-Rahim!« (»Lob sei Gott, dem Barmherzigen, dem Erbarmer« – aus der 1. Sure des Koran).

Aus dem Amerikanischen von Konrad Dietzfelbinger

Der Maori-Mythos vom Schöpfer Io

Der riesige Kulturkreis der polynesischen Inselreiche (Neuseeland gehörte dazu) überliefert Schöpfungsmythologien, deren geistige, poetische und ethische Qualität jener anderer Hochkulturen durchaus ebenbürtig ist. Die Mythen und Gesänge der Maori Neuseelands wurden im 19. Jahrhundert von britischen Kolonialbeamten gesammelt und (nicht immer der poetischen und rhythmischen Kraft der Vorlagen entsprechend) übersetzt.

Io, ewiger allwissender Hauptgott der Maori, Schöpfer der Welt, der Götter, der Menschen, ist auch der Schöpfer von Dunkelheit und Licht. Er spricht – und es geschieht. Die Verwandtschaft mit dem Anfang von Genesis 1 ist unübersehbar.

Ios Schöpfungsworte haben bis in die Gegenwart einen beschwörenden rituellen Charakter behalten. Io ist der Schöpfer »mit dem verborgenen Gesicht«. Sein Name darf nur flüsternd ausgesprochen werden, denn alles Geschaffene ist nach dem Glauben der Maori unerklärbar und voller Geheimnis.

Vorstellungen von dem höchsten Wesen Io waren in der esoterischen Maori-Theologie Geheimwissen der höheren Priester, die Fremden jegliche Auskunft darüber verweigerten. Von Io gab es weder ein Abbild, noch wurden ihm Opfer dargebracht.

Io wohnt im Unendlichen, im unermesslichen Luftraum.
Das All ist im Dunkel.
Überall ist Wasser.
Da ist kein Schimmer einer Dämmerung, nichts deutlich, kein Licht.

Und Io spricht: »Dunkelheit, erfülle dich mit Licht!«
Und sogleich erscheint das Licht.
Und Io spricht: »Licht, erfülle dich mit Dunkelheit!«
Und sogleich sind Licht und Dunkelheit verwoben.

Und Io spricht:
»Dunkel soll oben sein. Dunkel soll unten sein.
Licht soll oben sein.
Licht soll unten sein. Herrschen aber soll das Licht!«

So gewinnt das helle Licht die Vorherrschaft über das Dunkel.

Und Io sieht auf das Wasser, das ihn von allen Seiten umgibt.

Und wieder spricht er:
»Seid getrennt, ihr Wasser!
Sei gebildet, Himmel!
Und du, Erde, komm hervor!«

Und sogleich trennen sich die Wasser.
Der Himmel steigt empor.
Ausgebreitet liegt die Erde da.

Die Erschaffung der Frau aus der Erdenmutter

Die Maori kennen auch die Erzählung, wie der Schöpfergott Tane, Sohn der Erdgöttin Papa, der Urmutter des polynesischen Pantheons, aus einem Teil seiner Mutter – mithin aus Erde – eine weibliche Figur erschafft. Er haucht ihr Atem ein, so wie in Genesis 2 Jahwe dem Adam Atem des Lebens einhaucht.

Kaum hat Tane die Figur der Frau aus Erde geformt,
ist es seine Aufgabe, sie mit Leben zu versehen.
Denn noch ist sie leblos.
Und Tane haucht ihr den Atem ein, Atem des Lebens.
Er gibt ihr den Geist.

Beides kommt von Io, dem höchsten Wesen.

Atem saugt sie ein, die Frau aus Lehm.
Ein schwaches Aufatmen wird gehört.
Lebensgeist tut sich kund.
Hine-ahu-one, »das erderschaffene Mädchen«
atmet, niest, öffnet seine Augen, steht auf
– eine Frau.

So wurde der Ursprung der Frau,
gebildet aus Erde von der Erdenmutter,
gebildet durch Tane,
belebt mit göttlichem Geist,
der von Io ausströmt,
von Io mit dem verborgenen Gesicht,
von Io, dem uranfänglichen höchsten Wesen.

Der polynesische Schöpfungsmythos von Ta'aroa und Tane

Ta'aroa (auch Tangaroa), der polynesische Schöpfergott, bringt sich selbst hervor. Unendlich lange existiert er in Dunkelheit und Einsamkeit in einer eiförmigen Schale (Rumia), die er schließlich aufbricht, um in eine neue Schale einzugehen, aus der er den Grund der Erde bildet. Die erste Schale formt er zur Himmelskuppel.

Von Ta'aroa kommt der Schöpfergott *Tane*. Nach einer anderen Überlieferung sind Tanes Eltern der Himmelsgott Rangi und die Erdmutter Papa. Zusammen mit Maui trennt Tane den Himmel (Atea) von der Erde (Papa). Als er ein Loch in die Himmelskuppel bohrt, fällt Licht in die Welt (Tana wird seitdem zum Lichtgott). Als Nächstes setzt Tane die Gestirne an die Himmelskuppel. Danach gibt er allen Lebewesen Namen, auch solchen, die widergöttlich sind, denn in Tanes Welt gibt es Gut und Böse.

Maui, Sohn der Mondgöttin Hina und des Menschenbildners Tiki, ist ein listiger Heros, der den Göttern hilft, den Himmel zu heben und den Lauf der Gestirne festzulegen. Dieser Held ohnegleichen zieht aus der Tiefe des Ozeans einen ungeheuren Fisch, aus dem die Insel Ika-a-Maui (»Mauis Fisch«), das heutige Neuseeland, entsteht. Andere sagen, er zieht mit dem Fisch, der nur teilweise auftaucht, alle Inseln Polynesiens empor. Der Kulturbringer Maui lehrt die Menschen die Kunst Feuer zu entfachen und bringt ihnen bei, wie man Fischreusen, Angelhaken und Harpunen fertigt.

In der gesamten Inselwelt von Polynesien und Melanesien ist Maui, um den sich ein vielschichtiger Mythenkreis rankt, noch heute bekannt und beliebt. Als die weißen Missionare auf den Inseln von Christus sprachen, sagten die Inselbewohner: »Der Heiland ist Maui.«

Ta'aroa entstand, als die Welt nichts weiter als unendliche Einsamkeit war. Ta'aroa schuf sich selbst. Er war sein eigener Vater und seine eigene Mutter. Er ruhte in der Schale Rumia. Das bedeutet soviel wie Geformtes, Ungestaltetes. Es wird erzählt, dass Rumia einem Ei glich, das sich im unbegrenzten Raum drehte. Es gab noch keinen Himmel, keine Erde. Die Welt war finster von Anbeginn, denn noch erleuchtete kein Gestirn die Unendlichkeit.

Ta'aroa pochte gegen seine Schale Rumia. Sie öffnete sich, und er kroch hinaus in den Weltraum. Er war allein in der lautlosen Finsternis. Und er wusste nicht, was jetzt geschehen sollte. Darum schlüpfte er in eine andere Schale und dachte darüber nach. Ta'aroa lag Ewigkeiten lang in dieser Schale und erfüllte sie mit seinen Gedanken über die Welt. Am Ende beschloss er, die Schöpfung zu gestalten. Er sagte:

»Diese Schale soll den Grund der Erde Papa bilden. Rumia wird sich als der Himmel Atea über der Erde wölben!«

Das geschah. Ta'aroa verwandelte sich in die Qualle Te'tumu, um die Geschöpfe und Dinge zu machen. Aus Te'tumu erschuf Ta'aroa die Götter. Er bekleidete sie mit roten und gelben Federn, so wie er selbst rote und gelbe Federn trug als Zeichen göttlicher Macht.

Eines von Ta'aroas Geschöpfen war der gefleckte Riesentintenfisch Tumura'i'feuna. Das bedeutet: Anfang des »Erdhimmels«. Denn Ta'aroa befahl dem göttlichen Kraken, mit seinen langen Armen den Himmel zu umklammern und ihn dicht über der Erde zu halten.

Jetzt schüttelte der große Gott seine bunten Federn. Sie fielen zur Erde und ließen Gras, Büsche, Bäume und andere Pflanzen wachsen.

Ta'aroa schuf auch den großen Gott Tane. Viele sagen, Tane sei größer als Ta'aroa. Aber das stimmt nicht. Ta'aroa schuf Tane, der der Qualle glich. Die Göttlichen sagten: »Er ist wie ein Erdklumpen, ohne Form und Schönheit.«

»Die Künstler sollen kommen!«, befahl Ta'aroa.

Die Künstler kamen. Sie schleppten ihre Körbe mit den Krummäxten herbei. »Was befiehlst du, Gott!«, fragten die Bildhauer.

»Macht aus der Qualle Tane einen schönen, gutaussehenden Gott! Macht ein Vorbild aus ihm!«

Das taten die Künstler, und Ta'aroa wies Tane, dem schönen Gott, den höchsten - zehnten - Himmel als Wohnsitz zu.

Noch immer war die Erde finster. Die Götter besprachen sich.

»Man muss Atea, den Himmel, heben«, beschlossen sie.

Aber Tumura'i'feuna, der große Krake, hielt den Himmel nieder. Gott Rua aber, der Abgrund, war ein großer Zauberer. Er rief:

Himmelsfessel, du sollst in Not sein!
Großer Krake, du sollst tot sein!
Tumura'i'feuna, verdirb!
Tumura'i'feuna, stirb!

Der Tintenfisch starb. Die Welt erbebte. Nur die Krakenarme umspannten wie gewaltige, unzerreißbare Bänder den Himmel Atea. Die Finsternis konnte nicht weichen.

In jener Zeit erstanden die Halbgötter. Unter ihnen zählen Ru *Der-die-Erde-erforscht*, Hina *Die-im-Mond-winkt* und der achtköpfige listenreiche Maui zu den bedeutendsten.

»Ich will den Himmel heben!«, prahlte Ru. Der Halbgott machte

sich gewaltig stark. Er schob und hob, er rückte und drückte. Der Himmel wackelte und bewegte sich. Er hob sich ein wenig – gerade so hoch, wie ein Pfeilwurzelblatt wächst.
»Höher!«, riefen die Götter.
Ru sog die Lungen voller Luft, dass es vor Sturm schnaubte. Er wölbte den Rücken, ächzte und stöhnte. Langsam hob sich der Himmel bis zum Wipfel eines Korallenbaums. Rus Anstrengung war jedoch so groß, dass er einen Buckel bekam. Als er nochmals tief einatmete, um Atea einen kräftigen Stoß zu geben, platzte er auseinander wie ein Ballon. Es gab einen schrecklichen Knall, seine Eingeweide flogen empor und hängten sich als Wolken über die Insel Bora-Bora im Norden der Gesellschaftsinseln, wo sie heute noch hängen.

Jetzt war guter Rat teuer. »Maui muss den Himmel heben!«, sagten die Götter. »Er ist der schlauste von uns. Lass dir was Gescheites einfallen, Maui!«

Der Halbgott wackelte mit seinen acht Köpfen und dachte mit seinen acht Hirnen, dass die Schalen knackten. Kraft allein macht's nicht, überlegte er. Das hat Ru bewiesen. Ich muss zuerst verhindern, dass Atea wieder zurückfällt auf die Erde.

Er trieb Keile in die Lücken, die Ru zwischen Himmel und Erde gestemmt hatte, und setzte Stützpfeiler unter den Himmel. Atea ächzte, doch er hing jetzt über der Erde, wenn auch nur ein kleines Stück. Die Spanne war gering. Maui hockte sich nieder und dachte nach, dass seine acht Köpfe rauchten. Dann kam ihm ein Einfall. Er flog schnurstracks in den zehnten Himmel. Zu Tane, dem großen, schönen Gott, sagte er: »Hilf du uns, Tane, den Himmel zu heben.«

Tane saß majestätisch im obersten Himmel. Neben ihm stand ein großer Korb, der mit scharfgeschliffenen weißglänzenden Muscheläxten gefüllt war. Auf seiner Schulter saß seine weiße Lieblingstaube und gurrte. Tane zögerte.

»Worauf wartest du?«
Tane wollte nicht recht.
»Komm, Herr!«

Da hängte sich Tane den Korb um und flog mit Maui zur Erde hinab. Seine Lieblingstaube begleitete ihn. Tane besah sich an Ort und Stelle das Problem, dann ging er ans Werk. Er legte große Blöcke unter Atea und setzte Hebel an, um den Himmel empor zu wuchten. Dann begann er, ein Loch in Ateas Leib zu bohren. Das tat weh. Atea,

der Himmel, schrie auf vor Schmerz. »Wie ich leide!«, klagte er. »Aufhören, Tane! Bist du verrückt geworden?«
Er krümmte sich. Tane biss die Zähne aufeinander und bohrte rücksichtslos weiter. Was sein muss, muss sein!, dachte er. Während Atea jammerte und wimmerte, durchbohrte Tane die Himmelsschale. Plötzlich fiel ein Schimmer herein. Tane bohrte wie besessen. Er schabte und kratzte und bohrte mit seinem Muschelbohrer. Das Loch erweiterte sich, ein Bündel Licht, das aus dem Weltraum kam, tauchte den Gott in gleißende Helligkeit, verzehrte die Finsternis und begann die Erde zu erleuchten.
»Licht!«, sagte Tane.
»Licht!«, wiederholte Maui.
»Licht!«, riefen die Götter. »Es wird hell.« Sie lachten und weinten, sie schrien und bebten, sie stießen sich und schoben sich. Sie fielen übereinander, krabbelten, kreischten und jubelten. »Das Licht der Welt ist da!«
Tane setzte den Mond und die Sonne an den Himmel und schmückte Atea mit Sternen. Er gab den Dingen und Lebewesen ihren Namen. Er nannte die Schildkröte Schildkröte und den Seehund Seehund. Er gab dem Wal, dem Hai und dem Thunfisch ihre Namen. Er gab auch dem Hässlichen Namen. Er nannte die Buckligen bucklig, die Lahmen lahm und die Blinden blind. Denn seit es hell war in der Welt, konnte jeder sehen, dass es nicht nur schöne, sondern auch hässliche Dinge gab. Dass die Schöpfung nicht nur zur Freude, sondern auch zum Schmerz geschaffen war. Da gab es Starke und Gesunde, aber auch andere, die an schlimmen Krankheiten litten. Das Schöne und das Hässliche, das Gute und das Böse, Widerliches und Angenehmes standen nebeneinander. So war die Welt, wie Tane sie vollendete.

Der Urgott und Menschenbildner Tiki, Mauis Vater, der nach anderer Überlieferung die ersten Menschen aus nassem Lehm formte.
British Museum, London

Der mikronesische Schöpfungsmythos von Nareau, dem Älteren, und Nareau, dem Jüngeren

Der ältere und der jüngere Nareau sind zwei schöpferische Urwesen der Mikronesier. Der ältere Nareau, auch »Alte Spinne« genannt, war bereits vor der Entstehung von Himmel und Erde in der unendlichen Leere und Finsternis anwesend. Aus einer Tridacha-Muschel bildete er Himmel und Erde. Aus der Paarung von Wasser und Sand ließ er den jüngeren Nareau entstehen. Der führte die Schöpfung durch die Trennung von Himmel und Erde sowie durch die Formung der Geschöpfe zu Ende. Aus dem Rückgrat seines Vaters ließ er die Insel Samoa, wo der »Baum der Ahnen«, ein Weltenbaum, aufwuchs, entstehen. Teile dieses Ursprungsbaumes verehrten die Mikronesier später in zwei großen Bäumen auf der ostmikronesischen Insel Beru. 1892 fällten weiße Missionare diese beiden Bäume als »heidnische Heiligtümer«.

Am Anfang war nichts. Alles war nirgends. Nichts mischte sich mit etwas. Nur eine sehr große leere Stelle war da. Das einzige, was dort lebte, war die Alte Spinne Nareau. Sie ging eine Weile hin und her und fand die Große Muschel. Die Alte Spinne klopfte an die Große Muschel, aber sie konnte sie nicht öffnen. Sie konnte die Schale weder aufmachen noch zerbrechen.

Die Alte Spinne sagte: »Große Muschel, öffne dich, sonst sauge ich dich aus.«

Da öffnete sich die Muschel, und die Alte Spinne kroch hinein. In der Muschel war es so finster, dass die Alte Spinne nichts sehen konnte. Sie tastete umher, bis sie ein Schneckenhaus fand. Sie legte es sich unter den Arm und schlief drei Tage mit ihm, damit dessen Zauberkraft in ihren Körper einging. Dann sagte die alte Spinne: »Muschel, tu dich noch mehr auf, damit ich stehen und gehen kann.«

Da öffneten sich die Muschelschalen ein wenig mehr. Die Alte Spinne Nareau nahm das Schneckenhaus und befestigte es in der hinteren Muschelhälfte. Das war der Mond. Es wurde in der Muschel ein wenig heller. Da sah die Alte Spinne einen Wurm. Sie sagte zu ihm: »Öffne die Muschel noch ein Stückchen!«

Der Wurm erwachte zum Leben und stemmte die obere Muschelschale hoch. Es war eine schwere Arbeit. Salziger Schweiß floss ihm dabei in die untere Muschelschale, und aus seinem Schweiß entstand das Meer. Aus der oberen Schale wurde der gewölbte Himmel.

Die Alte Spinne fand noch ein zweites Schneckenhaus und hob es auf, und daraus wurde die Sonne. Aus der unteren Muschelschale wurde die Erde. So schuf die Alte Spinne Himmel und Erde.

Der Himmelsfelsen klang hohl, war jedoch fest mit der Erde verbunden. Die Alte Spinne Nareau klopfte gegen den Himmelsfelsen und rief:

> Poche, poche an den Stein.
> Lass mich in den Himmel ein,
> lass mich durch die Öffnung gehn
> und des Himmels Reiche sehn!
> Gibt er Antwort? Gibt er Zeichen?
> Wird er von der Erde weichen?
> Öffne, Felsen, deine Pforte!
> Weicht der Stein vom alten Orte?
> Poche! Sieh, er schließt sich auf.
> Nimm zum Himmel deinen Lauf!

So beschwor Nareau die Trennung von Himmel und Erde. Nachdem sich der Fels geöffnet hatte, kroch der Schöpfergott Nareau hinein und nahm vom Himmel Besitz.

Aus Sand und Wasser mischte Nareau der Ältere seine Kinder. Unter den Kindern seiner Kinder befanden sich der riesige Tintenfisch Na'kika und der Lindwurm Ri'iki. Der letzte in dieser Abfolge von Himmelsgeschöpfen aber war Nareau der Jüngere, der die Werke seines Ahnherrn vollendete.

Als Nareau der Jüngere zum Leben erwachte und sich umblickte, erkannte er, dass die Geschöpfe taubstumm und einfältig waren. Nareau der Ältere hatte sie noch nicht vollendet. Darum formte der jüngere Schöpfer ihre Körper. Da sie noch blind und taub waren, befahl er ihnen: »Öffnet die Augen und Ohren!« Dann befahl er: »Bewegt euch und geht!« Und er löste ihnen die Zungen, so dass sie sprechen konnten.

Noch lag der Himmel auf der Erde. »Stemmt euch unter den Himmel«, befahl Nareau allen Geschöpfen, »und hebt den Himmel empor!«

Sie duckten sich und wollten den Himmel emporheben. Aber es gelang ihnen nicht, so sehr sie sich auch mühten.

Nareau rief den Lindwurm Ri'iki zu sich. »Hilf uns, den Himmel zu heben«, sagte Nareau zu ihm. »Befiehl auch den Tieren des Meeres, sich daran zu beteiligen!« Aber Ri'iki weigerte sich. »Was gibst du mir dafür?«, fragte er den jüngeren Schöpfer.

Da schlug Nareau dem Kraken Na'kika zwei seiner zehn Arme ab und warf sie Ri'iki zum Fraß vor. Der Lindwurm verschlang die Tintenfischarme. Seitdem haben die Kraken nur noch acht Arme.

Jetzt halfen auch Ri'iki und die Meerestiere mit, den Himmel empor zu wuchten. Sie ächzten und würgten. Nareau sang dazu ein Lied, um sie anzufeuern:

> Belebt und hebt euch! Es will zusammenhalten.
> Regt und bewegt euch! Es soll sich auseinander falten.
> Großer Rochen, trenne Himmel und Erde!
> Wölb den Panzer, Schildkröte, dass Platz für uns werde!
> Großer Krake, reiß, was beieinander ist, entzwei!
> Stoße, was oben ist, empor, großer Hai!
> Osten und Westen trennt, was zusammenhängt!
> Süden und Norden löst, was zueinanderdrängt!
> Großer Ri'iki, heb es empor,
> du Stütze des Himmels! Hört den Chor
> von Himmel und Erde, die uns grollen,
> weil sie nicht auseinander wollen.
> Noch weicht es nicht. Noch reicht es nicht.
> Er will zusammenhalten.
> Regt und bewegt euch! Es soll sich auseinander falten!

So sang Nareau, und mit ungeheurer Kraft hob Ri'iki den Himmel empor. Die Erde sank zurück. Nareau aber lief hinzu und zog die Seiten des Himmels herab. Er formte sie wie eine riesige Kokosschale. Unter jede Ecke des Himmels – im Norden, Westen, Süden und Osten – stellte Nareau eine Frau und befahl ihnen, den Himmel zu halten. Sie schlugen Wurzeln und gaben dem Gewölbe seinen festen Halt. Ri'iki, der Lindwurm, hatte sich so sehr angestrengt, dass er erschöpft zu Boden sank. Er röchelte und starb. Ein Zucken ging durch seinen Leib. Eine gewaltige Kraft hob ihn empor und schleuderte ihn gegen den Himmel. Seitdem bildet sein Körper die Milchstraße. Seine Beine stürzten vom Himmel herab ins Meer und wurden zu Aalen, die zahlreich den Ozean bevölkern.

Noch aber fiel kein Licht in die Welt. »Es ist dunkel«, sagten die Geschöpfe zu Nareau. »Wie sollen wir in dieser Finsternis leben?« Nareau wollte Laternen an den Himmel hängen, damit es hell wurde auf der Erde. Er kroch durch die Öffnung des Himmelsfelsens wie sein Vater Nareau der Ältere. Aus den Augen seines Vaters bildete er Sonne und Mond, die er als Lichter an den Himmel hängte. Er zerbröckelte das Gehirn des alten Schöpfers und warf die Krumen über den Himmel. Sie begannen als Sterne zu leuchten. Aus Nareaus Fleisch machte der jüngere Schöpfer die Berge und Felsen. Das Rückgrat lag auf Samoa. Aus ihm spross Kai'n'tiku'aba, der *Baum der Ahnen,* hervor.

Nareau pflückte Blüten vom Baum der Ahnen und warf sie von Samoa aus nach Norden. Dort, wo sie ins Wasser glitten, entstanden die Gilbert-Inseln Beru, Tarawa und Tabiteua.

Ipila, eine nachgeordnete Schöpfergestalt (Demiurg), hat – dies eine andere melanesische Schöpfungsüberlieferung – den Menschen Nugu aus dem Stammholz eines Baumes herausgeschnitzt. Er verleiht ihm Leben, indem er sein Gesicht mit Sagomilch bestreicht.

Gemälde von Mea Idei, Boze, Melanesien

Traumzeit-Mythos der Ureinwohner Australiens

Australiens Ureinwohner, die Aborigines, kennen eine Ur-Zeit als Traum-, als Schöpfungszeit. Himmel und Erde sind, von einer unsichtbaren Energie geschaffen, bereits da. Ein Gott Altjira wird zum Schöpfer der Menschen, denen er sich im Traum offenbart. Wichtig sind die Ahnen. Sie durchwandern die Welt, ehe ihre Kraft in die Erde eingeht und sie zu heiligen Hügeln, Bäumen, Quellen werden. An solchen Orten kommen die Menschen tanzend und singend zusammen, Altjira und die Ahnen zu verehren. Sie wissen von der Gegenwart als von Tagen, die im Traum zu ihnen sprechen. Sie wissen von einer offenen, stets traumhaft sich wiederholenden Zukunft. Denn: In allen Zeremonien setzt die Schöpfung sich unablässig fort. Nichts verschwindet. Alles lebt weiter.

Oben war der Himmel, und unten war die Erde. Niemand hatte Himmel und Erde und Altjira gemacht. Sie waren da und sind da. Der große Himmel, die große Erde und der große, weise Altjira.

»Altjira, sprich zu uns im Traum!«

Der Himmel war leer, und es gab dort nur das Lager des großen Altjira. Die Erde war leer, nur Salzwasser lag auf ihr, das große Salzwasser. Die Beine des großen Altjira glichen denen des Vogels Emu. Sein Haar war lang und blond wie das der Sonnenfrau und hing von seinen Schultern herab. Seine Haut war rot, rot wie das Gefieder des roten Papageis. Ein weißes Band schmückte seine Stirn, und um seine Mitte spannte sich ein Gürtel aus Menschenhaar.

Altjira schritt im Himmel umher, denn das war ja sein Land. Altjira ging unter den Bäumen, denn sie wuchsen ja auf seinem Land.

Altjira schuf die Menschen, deshalb tragen wir ihn im Herzen. Er schuf die Menschen, doch dann verlor er sie aus den Augen. Nur im Traum können wir mit ihm sprechen.

»Altjira, sprich zu uns im Traum!«

...

Oben war der Himmel, und er war nicht leer. Altjira jagte Känguruhs und Emus und Marder und Vögel. Die Frauen Tneera, das heißt Schönheiten, sammelten Beeren und Wurzeln und Pflanzen und süße Früchte. Und den Vögeln und anderen Tieren, die nicht sehen konnten, schenkten sie neue Augen.

Unten war die Erde, und sie war nicht leer. Das Salzwasser war davon geflossen. Da kamen die Schönheiten aus dem Himmel und

Diese vierteilige australische Rindenzeichnung stellt den kosmogonischen Dschanggawul-Mythos von den gebärenden Urschwestern dar. Oben rechts hat der Künstler sich selbst abgebildet, wie er Gesänge aus dem Mythos rezitiert. Links die beiden Dschanggawul-Schwestern am Quell des Lebens. Im zweiten Feld gebären die Schwestern in großer Fülle die ersten Menschen. Darunter links acht Pfähle. Es sind die Rangga, die heiligen Pfähle, die zur Erschaffung der ersten Bäume dienen. Rechts die Schwestern mit einem Bruder und den Symbolen der auf- und untergehenden Sonne, mit denen sie manchmal identifiziert werden. Das untere Feld zeigt in Entsprechung zum zweiten Feld noch einmal die zwei Schwestern, wie sie – jetzt in abstrakten Symbolen – die Fülle gebären.

Rindenzeichnung von Mawalan und Wandjuk Marika, Australien, 20. Jahrhundert. Art Gallery of New South Wales, Sydney.

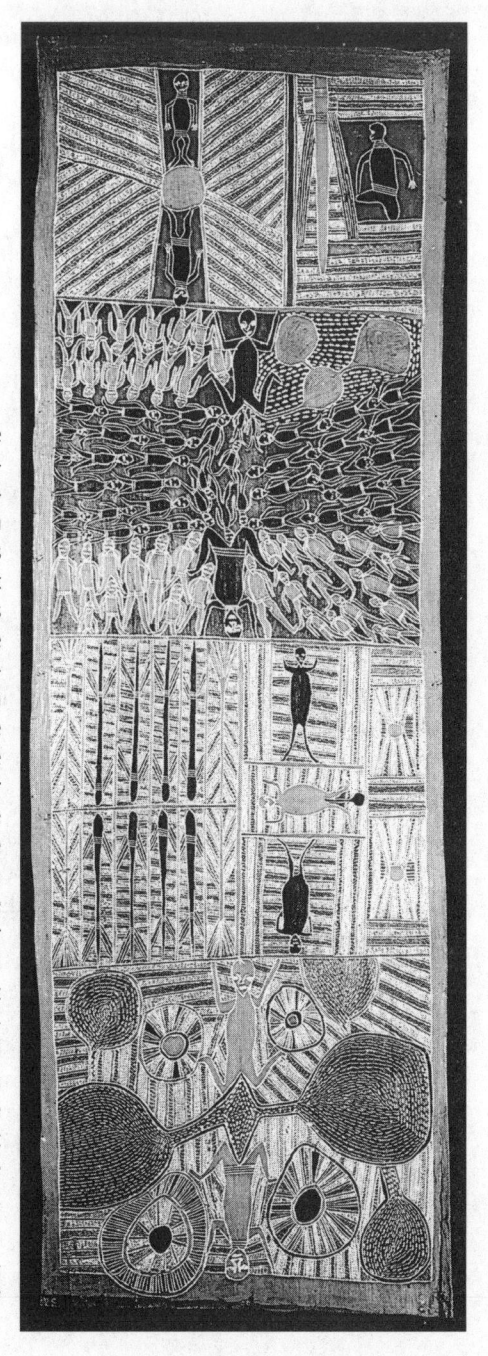

wanderten über die Erde und verwandelten sich in Büsche oder Felsen. Und ihre Kraft ging in die Erde ein und ist bis heute darin. Auch die großen Ahnen kamen und wanderten über die Erde. Dann verwandelten sie sich in Bäume oder Hügel, in Quellen oder Felsen. Und ihre Kraft ging in die Erde ein und ist bis heute darin. Ihre Hügel und Quellen, ihre Bäume und Felsen und Büsche sind unsere großen Stätten. Wir suchen unsere großen Stätten auf und tanzen und singen da von den Dingen, die unseren großen Ahnen zugestoßen sind. Wir tanzen, singen und spielen, was sich einst zugetragen hat. So erkennen wir, was uns widerfahren soll. Denn alle, die des gleichen Blutes sind, sollen die gleichen Erlebnisse haben. Und sie sollen viel erleben, auf dass ihr Stamm stark und zahlreich sei.

»Altjira, das sagst du uns im Traum. Wer ein Wirinun ist, ein weiser Mann und Zauberer, der kann dich verstehen. Er sagt uns dann, was er verstanden hat. So wissen wir von den Tagen, die zu uns im Traum sprechen.«

Wir suchen die großen Stätten auf und singen und tanzen und spielen die Ereignisse aus den Tagen, da der Himmel oben und die Erde unten war. Da der Himmel leer und die Erde leer waren und auf ihr nur Salzwasser lag. Auch heute ist der Himmel oben und die Erde unten. Doch Himmel und Erde, auch das Salzwasser, das ein wenig weiter floss, sind heute nicht mehr leer.

»Altjira, du sprichst auch heute noch zu uns im Traum! Alles ist voller Tiere und Pflanzen und Vögel und Fische und Menschen. Doch nur der Mensch weiß, was du ihm im Traum sagst, Altjira. Er kommt an die großen Stätten und versteht die Erde und versteht den Himmel. Er lauscht der Erde, blickt zum Himmel und hört den Gesang:

> Still sitzen sie da, die Knaben und Männer.
> Und auf dem Wasser blitzt die Sonne.
> Wassergräser und Schilf drängen ans Licht.
> Schäumendes Wasser quillt aus den Wasserstellen hervor.
> Die Erde trinkt durch die Zähne der Halme.
> Alles versickert,
> alles verschwindet,
> alles lebt weiter.«

Der Schöpfungsmythos der Lakota (Sioux)

Bei den Sioux, den Prärie-Indianern, die sich in ihrer eigenen Sprache Lakota und Dakota nennen, hat es ursprünglich wohl keine zusammenhängende Schöpfungsgeschichte gegeben. Die »heiligen Männer« kannten eine Fülle von sich ergänzenden Einzelmythen von der Entstehung des Universums bis zum Auftauchen der Menschen als letzten Geschöpfen, über die Ordnung des Lebens auf der Erde und die Verwandtschaft der Indianer mit den Bisons, die sie in der Prärie jagten und ohne die ihr Leben nicht vorstellbar war. Der Arzt und Hobby-Ethnologe James Walker, der zwischen 1896 und 1914 bei den Lakota (den westlichen Sioux) lebte und das Vertrauen vieler »Medizinmänner« und Schamanen gewann, hat wesentlich dazu beigetragen, dass uns diese Mythen erhalten geblieben sind. Die Übermacht der Weißen, die die Sioux in Reservationen gezwungen hatten, bedrohte die Kultur, jetzt waren die weisen Alten bereit, einem Fremden wie Walker ihre heiligen Überlieferungen anzuvertrauen. In der traditionellen Kultur der Prärie-Indianer war nur ein Teil davon allgemeines Erzählgut. Besonders die ehanni ohunkakan, die »Erzählungen der Vorzeit« über das Werden der Welt, zählten zum esoterischen Wissen. Es wurde in den Riten und Zeremonien heilbringend weitergegeben, war aber nicht für aller Ohren bestimmt.

Heute dienen Walkers Veröffentlichungen und Manuskripte den Lakota und Datoka selber zur Rekonstruktion der Ideen, die ihre Vorfahren von der heiligen Ordnung der Welt hatten. Und so gehört inzwischen die Geschichte von Inyan, dem Ur-Felsen, und wie aus ihm die Elemente der Welt, wie Zeit und Raum wurden, zum Curriculum in vielen indianischen Schulen. Auf diese Weise ist Wissen, das einst esoterisch war, nun zum Allgemeingut der Sioux geworden.

Die folgende Textfassung basiert auf den von Walker gesammelten Mythen, auf Lehrmaterial aus Indianerschulen in Nord- und Süd-Dakota sowie auf mündlichen Erläuterungen von Lakota-Indianern an Dietmar Först.

Vor aller Zeit, da es nichts anderes gab, auch keine Vorstellung von der Zeit, da gab es Inyan, den Fels. Inyan hatte kein Geschlecht. Sein Geist aber war Wakan Tanka, das große Unbegreifliche.

Außer Inyan gab es Hanhepi, die Schwärze der Dunkelheit.

Inyan war weich und sanft, doch besaß er alle Kraft der Welt. Und diese Kraft war in Inyans Blut. Und Inyans Blut war blau.

Inyan sehnte sich nach Gemeinschaft. Er wollte seine Kraft zeigen. Er sehnte sich nach Gemeinschaft mit anderen Wesen. Aber er war allein. Es gab nur ihn.

»Es muss aus mir selbst hervorgehen«, sagte er sich. »Dazu muss ich etwas hergeben, etwas von meinem Geist, etwas von meinem Blut. Dann kann ich etwas erschaffen.«

Und Inyan nahm ein Teil von sich selbst und verteilte es rundum. Und da entstand eine große Scheibe. Es war Maka, die Erde. Aber Inyan hatte zuviel gewollt. Er hatte Kraft verloren. Er hatte von seinem Blut verloren und auch von seinem Geist. Und da geschah es: Inyan zerbarst. Er war jetzt nicht mehr weich. Er schrumpfte. Inyan wurde hart. Und er hatte kaum noch Kraft. Und Inyans Blut, das floss und floss. Und aus dem Blut wurde das Wasser. Und die heiligen Kräfte seines Blutes, die stiegen auf und wurden zum blauen Gewölbe des Himmels. Shkan hieß der Himmel.

Inyan aber, Maka und das Wasser, das alles war die Welt. Doch Shkan, der Himmel, war Heimat der Geister und der großen Schöpferkraft. Und diese heilige Kraft hielt alles in Bewegung, die ganze Schöpfung und auch die Seelen der Menschen. Und diese Kraft war Wakan Tanka, das Große Unbegreifliche.

Und wenn die Sioux die heißen Steine, Inyans Verwandte, in ihr Schwitzbad tragen, dann erinnern sie sich an Wakan Tanka, das Große Unbegreifliche. Dann sind sie eins mit der Großen Kraft, eins mit dem Anfang der Welt.

Es gab nun Erde, Wasser, Himmel und Geist. Dann aber geschah es. Maka, die Erde, begann Streit mit Inyan, dem Felsen: »Ich will nicht immer mit dir verbunden sein. Ich will auch Hanhepi nicht, die Schwärze der Dunkelheit. Ich will es hell. Wie kann ich sonst sehen, ob ich schön bin oder hässlich? Darum schicke die Dunkelheit fort!«

Inyan sprach: »Ich habe keine Kraft mehr dazu!«

Doch Shkan, der Himmel, sprach: »Ich werde das Helle erschaffen. Ich bringe das Dunkel unter die Erde. Aber Inyan und Maka bleiben verbunden!«

So geschah es. Der Himmel schuf Anpetu, das Helle. Die Finsternis aber verbannte er unter die Erde. Doch es fehlte etwas in der Welt. Es gab keine Wärme und auch keinen Schatten. Und schon beklagte Maka sich wieder: »Jetzt friere ich. Und ich sehe, wie nackt und hässlich ich bin!« Da erblickte sie das Wasser, und sie verteilte es und schmückte sich mit Meeren, Seen, Flüssen und Bächen. Doch ihr war weiterhin bitterkalt.

Da nahm der Himmel ein Stück von Inyan, ein Stück von der Erde, etwas von den Wassern und ein Stück von sich selbst, und daraus formte er ein leuchtendes Rund. Dem gab er den Namen Wi, Sonne. Und er setzte Wi über das blaue Gewölbe: »Scheine über die ganze Welt! Gib allen Wärme und jedem Schatten!«

Wi tat, wie ihm aufgetragen war. Da wurde die Welt warm. Aber sie wurde auch heiß. Die Strahlen der Sonne brannten sehr. Und schon war die Erde wieder empört. Und sie flehte zu Shkan: »Hole die Finsternis zurück! Die Hitze der Sonne ist nicht zu ertragen!«

Da befahl Shkan, der Himmel: »Sonne und Dunkel sollen einander abwechseln! Mal soll es dunkel sein, mal hell.« Und so geschah es. Die Zeit begann.

Die Zeit verging, und Inyan, Maka, Shkan und Wi wünschten sich Gesellschaft. So erschuf sich Wi den Mond als Begleiter, Inyan den Donner, Maka die lebensgierigen Monster, die sie jedoch bald wieder verstieß. Shkan aber schuf Tate, den Wind, und gab ihm von seinem Geist. Und der Himmel gab allen Farben; der Erde aber gab er das Grün.

Dieses waren die ersten, die Höchsten Wesen. Sie kamen regelmäßig zusammen, um zu essen und zu feiern und die Gemeinschaft zu pflegen. Und da geschah es: Shkan, der Himmel, schuf die ersten Lebewesen. Sie sollten den Höchsten Wesen dienen. Das taten sie. Und sie vermehrten sich. Es wurde ein großes Volk aus ihnen. Shkan nannte sie das Volk der Pte. Die Pte waren die gemeinsamen Vorfahren von Mensch und Bison. Und so sprechen die Sioux noch heute voller Ehrfurcht von den Bisons.

Nach langer Zeit wählten sich die Pte einen Anführer mit Namen Wazi. Der nahm sich eine Frau. Sie lebten unter der Erde. Die Frau gebar eine Tochter: Ite. Die wuchs heran und wurde wunderschön. Da verliebte sich Tate, der Wind, in Ite. Und er wollte den Himmel verlassen und bei den Pte wohnen und Ite heiraten, obwohl er ein Geistwesen war. Doch Shkan gewährte ihm den Wunsch. Und Ite gebar Vierlinge von Tate, dem Wind. Das waren die »vier Winde«. Sie zogen aus an die vier Enden der Welt. Seitdem gibt es die vier Himmelsrichtungen.

Und die vier Winde gaben der Welt ihre Ordnung mit der Schöpferkraft, die sie von Tate erbten. Sie nahmen Einfluss auf alles Leben, das sich immer weiter entfaltet. Und die Sioux beten zu ihnen, wann immer sie ihre Riten vollziehen.

So wurde die Welt aus Inyan, dem »Steinalten«. Er wollte Gemeinschaft mit anderen Wesen. So auch die Sioux. Bis heute schließen sie ihre Gebete mit den Worten »mitákuye oyasin«, »alle sind mir verwandt«. Und sie denken dabei nicht nur an die Menschen, sondern auch an die Tiere, ja sogar an das Gras und die Steine – die ältesten Verwandten von allen.

Nach Erzählungen der Sioux aufgezeichnet von Dietmar Först

In der viertägigen Zeremonie des sommerlichen Sonnentanzes werden die Sioux eins mit der Schöpfung. Singend treten die Tänzer ein in einen mythischen Raum, in eine mythische Zeit. Himmel und Erde, Gegenwart und Vergangenheit, Materie und Geist kommen zusammen.
In der Mitte des heiligen Tanzkreises steht der Sonnenbaum als axis mundi. Die Sonne ist Quelle des Lebens, der Adler göttlicher Bote, der Bison (Schädel) mythischer Verwandter der Sioux.
Die Schöpfung erneuert sich. Aus der Urkraft des Neubeginns gewinnen die Tanzenden (Frauen und Männer) Kraft für das vor ihnen liegende Jahr. Das Ganze ist vollkommen in sich geschlossen, wie in einem Ei.

Gemälde von Vera Louise Drysdale

Die Himmelsfrau – Schöpfungsmythos der Irokesen

Im nordöstlichen Waldland Nordamerikas hatten sich um 1570 verschiedene Stämme zum mächtigen, Jahrhunderte überdauernden Irokesenbund zusammengeschlossen. Die Irokesen kannten einen Schöpfungsmythos, in dem der weibliche Teil der Gottheit eine Hauptrolle bei der Weltschöpfung spielte. Diese Ur-Frau, ursprünglich in einer oberen (der unseren ähnlichen) Welt als Frau des eifersüchtigen himmlischen Häuptlings lebend, stürzte in einen unheimlichen Abgrund, in dessen Tiefe die Fluten des Anfangs wogten. Dank hilfreicher Geschöpfe – Wasservögel fingen die Frau auf, Wassertiere holten Erde aus der Tiefe und häuften sie als Insel über eine Schildkröte – konnte die Himmelsfrau auf der sich weitenden Insel die Lebenswelt der Indianer mit Pflanzen und Tieren erschaffen. Sie wurde zur großen, von vielen Stämmen als heilig verehrten Erd-Mutter.

Der irokesische Schöpfungsmythos war 1636 von dem Priester Paul le Jeune in Europa veröffentlicht worden. Le Jeune berichtete, die Himmelsfrau-Erdmutter (ihr Name war Ataensic) gelte den irokesischen Indianerstämmen als höchstes Wesen, das ihnen, so ihre Erzählung,»vom Himmel zugefallen« sei.

Einst lebte die Menschheit in einem himmlischen Paradies. Unter dem Himmel lag nicht die Erde, sondern so weit man blicken konnte, dehnte sich das Meer aus, in dem Wasservögel und andere Tiere wohnten.

Über dem großen Wasser stand keine Sonne; doch der Himmel war erleuchtet vom Baum des Lichtes, der vor dem Haus des Himmelsherrn wuchs.

Ein Traum riet dem Herrscher über das himmlische Paradies, eine schöne, junge Frau zu heiraten, und er tat, wie ihm im Traum befohlen worden war. Vom Atem des Himmelsherrn wurde die Frau schwanger, doch der Mann begriff nicht das Wunder der Natur, sondern entbrannte in Wut und Zorn. Da träumte ihm abermals, und die Stimme des Traumes riet ihm, den Baum des Lichtes vor der Schwelle seines Palastes auszureißen. Und wieder hörte er auf die Stimme seines Traumes. So entstand draußen vor dem Haus ein großes, klaffendes Loch.

Als der Himmelsherr nun sah, wie seine Frau neugierig durch das Loch hinabblickte, überkam ihn wieder eifersüchtiger Zorn, und er gab ihr von hinten einen Stoß. Da stürzte sie aus dem himmlischen Paradies und fiel hinab, dem großen Wasser entgegen.

Immer noch zornig, warf ihr der Himmelsherr alle Gegenstände und Lebewesen nach, die ihr lieb und wert gewesen waren, einen Maiskolben, Tabakblätter, ein Reh, Wölfe, Bären und Biber, die später alle in der unteren Welt leben sollten. Aber noch gab es diese Welt nicht, die jetzt unsere Welt ist. Das unglückliche Weib des Himmelsherrn stürzte durch die Luft herab, und die weite Wasserfläche, in der sie würde ertrinken müssen, kam immer näher. Das sahen die Tiere, die in dem großen Wasser wohnten, und sie beschlossen, ihr zu helfen. Die Wasservögel breiteten ihre Flügel aus und flogen so dicht nebeneinander her, dass sich die Spitzen ihrer Federn berührten. Sie wollten die Himmelsfrau auffangen. Die Wassertiere suchten einen Landeplatz. Die große Wasserschildkröte tauchte auf und hob ihren Panzer über den Meeresspiegel, während die anderen Tiere zum Meeresboden hinabtauchten, um dort Schlamm und Sand zu holen.

Die Bisamratte brachte ein paar Steine, und die Kröte schleppte Algen und Tang herbei, und sie warfen Schlamm, Sand, Algen und Steine auf den Panzer der Schildkröte. So entstand eine Insel, die nach und nach größer und größer wurde.

Unterdessen hatten die Vögel die Himmelsfrau in der Luft aufgefangen und trugen sie zur unteren Welt herab. Von Zeit zu Zeit kamen neue Vögel und lösten jene ab, die müde geworden waren von der schweren Last, die auf ihrem Gefieder ruhte.

Endlich landete die Himmelsfrau wohlbehalten auf der Insel der großen Wasserschildkröte. Sie dankte den Vögeln, die ihr und dem Kind in ihrem Leib das Leben gerettet hatten. Sie nahm eine Handvoll Erde und warf die Erde von sich. Da vermehrte sich das Land durch die Zauberkraft, die in den Fingerspitzen der Himmelsfrau sitzt; die Insel wuchs und wuchs und wurde eine Welt, und die Horizonte rückten in die Ferne. Pflanzen und Bäume begannen zu sprießen, und die Tiere, die der Himmelsherr seiner Frau nachgeworfen hatte, fanden Wohnung und Nahrung und vermehrten sich. So entstand die Erde, und die Himmelsfrau wurde die Große Erdmutter.

Und das Kind der Himmelsfrau wurde geboren. Es war eine Tochter. Die aber, als sie herangewachsen war, wurde sie schwanger vom Wind. Und sie gebar Zwillingsbrüder. Der eine hieß »Gute Gedanken«, der andere »Böse Gedanken«.

Bei der Geburt starb die Mutter. Und so wurde die Himmelsfrau Vormund der Brüder. »Gute Gedanken« bewahrte die Welt. »Böse

Schöpfungsmythos der Irokesen. Oben die Himmelsfrau. In der Mitte die Schildkröte (viele Indianer nennen die USA auch turtle-land) und die hilfreichen Wasservögel. Unten links der Enkel »Gute Gedanken«, rechts der Enkel »Böse Gedanken«.

Schöpfungsmythos der Onondaga, Irokesen, Seneca und Mohawk von Heike Owusu.

Gedanken« suchte ihr zu schaden. Schließlich aber gelang es »Gute Gedanken«, den bösen Bruder zu verbannen. Von da ab war Frieden in der Welt.

Der Schöpfungsmythos der Winnebago

Die Winnebago lebten als Jäger, Fischer und Sammler südlich der großen Seen im heutigen Wisconsin, bis sie 1840 von weißen Siedlern vertrieben und in Reservate verwiesen wurden. 1880 jedoch zog ein Teil des Stammes, die Wonkshiek (»Erstes Volk der Alten Insel«), nach Wisconsin zurück.
Der Anthropologe Paul Radin veröffentlichte 1923 einen lapidaren Schöpfungsmythos, der auf die ihm (unter dem Siegel des Geheimnisses) anvertraute Erzählung des Winnebago-Indianers Jasper Blowsnake zurückgeht.
Eine bereits existierende Vatergottheit bringt Wasser, Licht, Erde und den gottgleichen Menschen durch Denken, Wünschen, Wort und schaffendes Handeln hervor. Der aus Erde gemachte Mensch erhält nacheinander Verstand, eine Seele, die Sprache und den Atem.
Ähnlichkeiten mit der biblischen Schöpfungsüberlieferung könnten auf christliche Missionierungsversuche zurückgehen.

Als unser Vater zum Bewusstsein kam, bewegte er seinen rechten Arm und dann seinen linken Arm, sein rechtes Bein und dann sein linkes Bein. Er begann darüber nachzudenken, was er tun sollte, und schließlich fing er an zu weinen, und Tränen flossen aus seinen Augen und fielen unter ihn. Nach einer Weile schaute er unter sich und sah etwas Glänzendes. Das Glänzende waren seine Tränen, die hinabgeflossen waren, und sie bildeten die gegenwärtigen Gewässer.

Der Erdenbildner begann aufs Neue nachzudenken. Er dachte: »Es ist so: Wenn ich irgendetwas wünsche, wird es so werden, wie ich es wünsche, genauso wie meine Tränen zu Seen geworden sind.«

Dies überdachte er. So wünschte er das Licht. Und es wurde Licht. Dann dachte er: »Es ist, wie ich vermutet hatte, die Dinge, die ich gewünscht habe, sind so, wie ich es begehrte, ins Dasein getreten.«

Dann dachte er wiederum nach und wünschte sich die Erde. Und die Erde entstand. Der Erdenbildner schaute auf die Erde, und sie gefiel ihm, aber sie war nicht ruhig... Nachdem die Erde ruhig geworden war, dachte er darüber nach, wie die Dinge, gerade so, wie er es wünschte, ins Dasein kamen.

Dann begann er zum ersten Mal zu sprechen. Er sagte: »Da die Dinge genau so sind, wie ich es wünsche, werde ich ein Wesen machen, das mir gleich ist.« So nahm er ein Stück Erde und machte es, wie er war. Dann sprach er zu dem, was er geschaffen hatte, aber es antwortete nicht. Er betrachtete es und sah, dass es weder Verstand noch Gedanken hatte. So machte er ihm den Verstand. Wieder sprach er zu ihm, aber es antwortete nicht. Er betrachtete es wiederum und sah, dass es keine Zunge hatte. So machte er ihm eine Zunge. Wieder sprach er zu ihm, aber es antwortete nicht. Also betrachtete er es wiederum und sah, dass es keine Seele hatte. Also machte er ihm eine Seele. Er sprach wieder zu ihm, und es sagte annähernd irgendetwas. Aber es machte sich nicht verständlich. Da hauchte der Erdenbildner in seinen Mund und sprach zu ihm, und es antwortete verständlich. Da war der Erdenbildner zufrieden.

Der Schöpfungsmythos der Hopi

Die Hopi (»die Friedlichen«) leben heute in einem kleinen Reservat im nordöstlichen Arizona. Die Abgelegenheit ihrer Wohngebiete hat sie ebenso vor weißer Kolonisierung wie vor einer (im 17. Jahrhundert durch Franziskaner versuchten) Missionierung bewahrt. So konnten sie als einer der wenigen indianischen Stämme weitgehend ihre Ursprünglichkeit bewahren.
Im letzten Viertel des 20. Jahrhunderts erzählten alte Frauen und Männer der Hopi Frank Waters, der drei Jahre unter ihnen lebte, ihre Mythen, die in der Originalsprache auf Tonbänder aufgezeichnet und dann ins Englische übersetzt wurden. Da es aber eigentlich kein Wissen war, das außerhalb der Zeremonien erzählt wurde und schon gar nicht einem Fremden, gab es später Kritik an denen, die es weitergegeben hatten.
Der nachfolgend mitgeteilte Schöpfungsmythos ist reich und von tiefer Schönheit. Es offenbart sich die planvoll gestaltende Schöpfergottheit Taiowa. Ein Neffe, Sótuknang wird von Taiowa mit der grundlegenden Schöpfung von Erde, Wasser und Wind beauftragt. Sótuknang ruft danach die Spinnenfrau hervor, die zwei erste Menschen als Zwillinge, umgeben vom Gewand der Schöpfungsweisheit, formt. Der eine Zwilling soll die Erde noch stärker festigen, der andere soll durch seine Stimme Ordnung schaffen, indem er als Echo der gesamten Welt Loblieder für den Schöpfer ertönen lässt. Danach halten die beiden von den Polen her die Erde in regelmäßiger Drehung.
Die alte Spinnenfrau (sie ist eine wichtige Figur in der Mythologie nicht nur der Völker des Südwestens der USA) erschafft nun vier weitere Menschen:

gelb, rot, weiß, schwarz. Vier verschiedenfarbige Lichter offenbaren dabei als Mysterium der Schöpfung den Atem des Lebens und die Wärme der Liebe. Weithin erklingt ein großes Schöpfungslied. Nun erhalten die Menschen – viele sind es inzwischen – als letzte Gabe die unterschiedlichen Sprachen, die sie aber nicht als Grundlage für Zerwürfnisse nutzen sollen. Ihre Aufgabe ist vielmehr, in Harmonie miteinander zu leben und den Schöpfer Taiowa zu ehren.

Die erste Welt war Tokpela – unendlicher Raum. Zuerst, so heißt es, gab es nur den Schöpfer Taiowa. Alles übrige war unendliche Leere ohne Anfang, ohne Ende, ohne Zeit, ohne Form, ohne Leben. In dieser unermesslichen Leere waren Anfang und Ende, Zeit, Form und Leben allein im Geist des Schöpfers Taiowa.

Denn er, der Unbegrenzte, erdachte das Begrenzte. Zuerst schuf er Sótuknang, um das Begrenzte sichtbar zu machen, und er sprach zu ihm: Ich habe dich erschaffen als erste Kraft und als Werkzeug, dass du ausführen mögest meinen Plan für das Leben im unendlichen Raum. Ich bin dein Onkel. Du bist mein Neffe. Geh nun und errichte diese Welt in geeigneter Ordnung, dass alle Dinge harmonisch miteinander auskommen und zusammenwirken mögen nach meinem Plan.

Sótuknang tat, wie ihm befohlen worden war. Aus dem unendlichen Raum fügte er zusammen, was als feste Masse erscheinen sollte, knetete es zu Formen, die er in neun Reiche verteilte: eines für Taiowa, den Schöpfer, eines für sich selbst und sieben Reiche für das Leben, das entstehen sollte. Nachdem er dies vollbracht, begab sich Sótuknang zu Taiowa und fragte: »Ist all dies nach deinem Plan?«

»Es ist sehr gut«, sprach Taiowa. »Nun wünsche ich, dass du Gleiches tust mit den Gewässern. Verteile sie nach entsprechenden Maßen, dass jedem der Reiche das Seine zukommt.«

So sammelte Sótuknang vom unendlichen Raum das, was als Gewässer sichtbar werden sollte, und verteilte es über die Reiche, damit jedes von ihnen zur Hälfte aus festem Stoff und zur Hälfte aus Wasser bestehen möge. Und wieder begab er sich zu Taiowa und sagte: »Ich möchte, dass du das Werk betrachtest, das ich geschaffen habe, und dass du mir sagst, ob es Gefallen bei dir findet.«

»Es ist gut«, sprach Taiowa. Das nächste, was du zu tun hast, ist die Kräfte der Luft ringsum zu friedlicher Bewegung zu bringen.«

Auch das tat Sótuknang. Vom unendlichen Raum sammelte er, was zu Winden werden sollte, formte es zu gewaltigen Atemkräften und verteilte diese als milde und geordnete Bewegung rings um jedes der Reiche.

Taiowa gefiel Sótuknangs Werk wohl. »Du hast eine große Arbeit vollbracht gemäß meinem Plan, Neffe«, sprach er. »Du hast die neuen Reiche geschaffen und sichtbar gemacht in festem Stoff, und auch die Gewässer und Winde und alles übrige ist durch dich an seinem rechten Platz untergebracht. Doch dein Werk hat damit noch nicht sein Ende. Du musst nun Leben schaffen mit seiner regsamen Beweglichkeit, um meinen allumfassenden Plan zu vollenden.

Sótuknang begab sich in jene Regionen des Alls, wo Tokpela, die Erste Welt, entstehen sollte. Dort schuf er die Spinnenfrau.

Als die Spinnenfrau zum Leben erwachte und ihren Namen erhielt, fragte sie: »Weshalb bin ich hier?«

»Sieh dich um!«, antwortet Sótuknang. »Das ist die Welt, die wir erschaffen haben. Sie hat eine feste Form, Stoff, Richtung und Zeit, einen Anfang und ein Ende. Doch siehe, es ist kein Leben auf ihr, keine frohe Bewegung, kein froher Laut. Was aber ist eine Welt ohne Leben, ohne Laut und ohne Bewegung? Darum wird dir die Macht verliehen, uns dabei zu helfen, Leben zu erschaffen. Dir wird gegeben sein Wissen und seine Weisheit, und du wirst auch die Liebe besitzen, alle Wesen zu segnen, die du schaffst.«

Auf Sótuknangs Geheiß nahm die Spinnenfrau etwas Erde, rührte diese mit ihrem Speichel an und formte daraus zwei Wesen – Zwillinge. Sie bedeckte beide mir ihrem Gewand aus weißem Stoff, das in sich die Schöpfungsweisheit trug. Und sich über die Zwillinge beugend, sang sie das Schöpfungslied. Als sie das Gewand zurückschlug, setzten sich die Zwillinge auf und fragten: »Wer sind wir? Weshalb sind wir hier?«

»Dein Name ist Pöqánghoya«, sprach die Spinnenfrau zu dem Wesen rechts von ihr. »Wenn auf dieser Welt Leben erschaffen worden ist, sollst du helfen, Ordnung auf ihr zu halten. Geh nun überall herum in der Welt und leg der Erde deine Hände auf, damit sie vollends fest werde. Das ist deine Aufgabe!«

Zu dem Zwilling links von ihr sagte die Spinnenfrau: »Dein Name ist Palöngawhoya. Wenn auf dieser Welt Leben sein wird, sollst du helfen, Ordnung auf ihr zu halten. Deine Aufgabe ist: Geh überall herum in der Welt und lass deine Stimme erklingen, damit sie in allen

Reichen gehört werde. Darum wirst du auch Echo genannt werden, denn alle Laute sind ein Widerhall des Schöpfers.«

Pöqánghoya durchwanderte die gesamte Erde und festigte die höheren Gegenden zu Bergen. Die niederen Gefilde machte er gleichfalls fest, jedoch formbar genug, um den Wesen, die auf ihr leben sollten, Unterhalt zu gewähren.

Auch Palöngawhoya durchwanderte die gesamte Erde und ließ seine Stimme erklingen, wie es ihm befohlen war. All die Schwingungspunkte entlang der Erdachse von Pol zu Pol antworteten seinem Ruf; die ganze Erde geriet in Schwingung und wiegte sich nach seinen Melodien. So machte er die Erde zu einem Instrument der Klänge und die Klänge zu einem Instrument, das Botschaften weitertragen konnte und Lobeslieder für den Schöpfer aller Dinge ertönen ließ.

»Das ist deine Stimme, Onkel«, sagte Sótuknang zu Taiowa. »Alles ist eingestimmt auf deinen Klang.«

»Es ist sehr gut«, sprach Taiowa.

Nachdem die Zwillinge ihre Aufgaben erfüllt hatten, wurde Pöqánghoya zum nördlichen Pol der Erdachse und Palöngawhoya zu ihrem südlichen entsandt, wo jeder das Seine tat, um die Erde in regelmäßiger Drehung zu halten. Pöqánghoya wurde auch die Macht verliehen, für die feste Gestalt der Erde zu sorgen, und Palöngawhoya die Macht, die Winde in sanfter, geregelter Bewegung zu halten. Ihm wurde anvertraut, seine Stimme für das Gute zu erheben und durch sämtliche Schwingungspunkte der Welt Warnzeichen für alle Wesen erklingen zu lassen.

»Das werden eure Pflichten auch in künftigen Zeiten sein«, sagte die Spinnenfrau.

Sodann schuf sie aus Erde Bäume, Gesträuch, Blumen und andere Arten von Pflanzen, die Samen tragen. Sie verlieh der Erde ihr Gewand und gab allem Leben einen Namen. In gleicher Weise entstanden alle Arten der Vögel und Tiere. Die Spinnenfrau formte sie aus Erde, bedeckte sie mit ihrem Gewand aus weißem Stoff und sang das Schöpfungslied. Manche der Geschöpfe stellte sie rechts, manche links und andere wiederum hinter sich auf und sagte ihnen, wie sie sich nach allen vier Enden der Welt verteilen sollten.

Sótuknang war glücklich, als er sah, wie gut alles gelungen war. Freudig sagte er zu Taiowa: »Komm und schau, wie unsere Welt jetzt aussieht.«

»Es ist sehr gut«, antwortete Taiowa. »Nun ist sie bereit für das menschliche Leben. So soll denn mein Plan seine Vollendung finden.«

Die Erschaffung des Menschen

Die Spinnenfrau sammelte wieder Erde – diesmal von verschiedener Farbe – gelb, rot, weiß und schwarz. Sie vermischte die Häufchen Erde mit ihrem Speichel und knetete sie zu Formen, die sie mit ihrem Gewand aus weißem Stoff bedeckte. Dann sang sie wiederum das Schöpfungslied, und als sie ihr Gewand zurückschlug, waren Menschen aus der Erde geworden, männlichen Geschlechts, nach Sótuknangs Ebenbild.

Nachdem dies getan war, schuf die Spinnenfrau vier andere Geschöpfe, ihrem eigenen Geschlecht gleich, die sie den ersten vier als Gefährtinnen zugesellte.

Bald darauf erwachten ihre Geschöpfe zum Leben. Dies geschah zur Zeit des purpurroten Lichts Qoyangnuptu, der ersten Phase der Morgendämmerung der Schöpfung, in der also das Mysterium der Menschenschöpfung begann.

Allmählich begannen sich die Wesen zu regen. Ihre Stirnen waren noch feucht, und auf dem Kopf hatten sie eine weiche Stelle. Dies geschah zur Zeit des gelben Lichts Síkangunqua, in der zweiten Phase der Morgendämmerung der Schöpfung, als der Atem des Lebens in die Menschen einging.

Kurz danach erschien die Sonne am Horizont, trocknete ihre feuchten Stirnen und ließ die weichen Stellen auf ihren Köpfen hart werden. Dies geschah zur Zeit des roten Lichts Tálawva, in der dritten Phase der Morgendämmerung der Schöpfung, als der Mensch in vollendeter Gestalt stolz und voller Kraft seinem Schöpfer gegenüberstand.

»Das ist die Sonne«, sagte die Spinnenfrau. »Ihr begegnet eurem Vater, dem Schöpfer, zum ersten Mal. Gedenkt immer der drei Phasen eurer Schöpfung, nämlich der Zeit der drei Lichter. Das purpurrote, das gelbe und das rote Licht offenbaren das Mysterium der Schöpfung, den Atem des Lebens und die Wärme der Liebe. In diesen drei Phasen zeigt sich der Plan des Lebens eures Schöpfers Taiowa, wie er gesungen wurde über euch als Lied der Schöpfung:

Das Schöpfungslied

Das purpurrote Licht erscheint im Norden,
das gelbe im Osten.
So, wie die Blumen der Erde
sprießen auch wir hervor,
um zu erhalten ein langes Leben der Freude.
Schmetterlingsmädchen nennen wir uns.

Mann und Frau beten, dem Osten zugewandt,
huldigen der Sonne, ihrem Schöpfer.
Glockenklänge durchdringen die Luft.
Ein freudvoller Klang in aller Welt.
Überall widerhallt sein Echo.

Demütig bitte ich unseren Vater,
den vollkommenen Taiowa,
der erschaffen hat die Schönheit des Lebens,
die uns erschien in gelbem Licht:
Möge er uns Vollkommenheit spenden in der Zeit
des roten Lichts.

Der Vollkommene setzte fest den vollkommenen Plan
und gab uns eine lange Lebenszeit,
schuf Lieder, um dem Leben Freude zu verleihen.
Auf diesem Pfad des Glücks erfüllen wir,
die Schmetterlingsmädchen,
seine Wünsche, indem wir ihn grüßen, unseren Vater, die Sonne.

Freudig hallt wider das Lied unseres Schöpfers.
Und wir, Kinder der Erde, singen es für unseren Vater.
Wenn das gelbe Licht erscheint,
hallt und hallt wider das Echo der Freude,
klingt als ewiger Klang für all die kommenden Zeiten.

Die ersten Menschen der Ersten Welt antworteten der Spinnenfrau nicht. Sie konnten nämlich nicht sprechen. Da die Spinnenfrau ihre Macht von Sótuknang erhalten hatte, musste sie sich an ihn wenden, um zu erfahren, wie sie den Menschen helfen könnte. Sie rief Palöngawhoya zu sich und sagte: »Hol deinen Onkel. Er soll sofort kommen.«

Palöngawhoya, der Echo-Zwilling, sandte seinen Ruf entlang der Erdachse zu den Schwingungspunkten der Erde, die seine Botschaft durch das ganze Universum erklingen ließen. »Sótuknang, unser Onkel, komme sofort. Wir brauchen dich.« Schnell wie der Wind erschien Sótuknang vor ihnen. »Hier bin ich«, rief er. »Was wollt ihr?«

Die Spinnenfrau erklärte ihm: »Ich habe nach deinem Gebot die ersten Menschen geschaffen. Sie haben eine vollendete und kraftvolle Gestalt, besitzen die ihnen gemäße Hautfarbe, haben Leben in sich und können sich bewegen, nur sprechen können sie nicht. Darum bitte ich dich, gib ihnen die Fähigkeit der Sprache und die der Zeugungskraft, damit sie ihr Leben genießen und ihrem Schöpfer Dank sagen können.«

So verlieh Sótuknang den Menschen die Fähigkeit der Sprache, und zwar je nach ihrer Hautfarbe. Doch sollten sie allesamt trotz der Unterschiede der Sprache voreinander Ehrfurcht empfinden.

Darauf sagte Sótuknang den Menschen: »Ich habe euch die Welt zu eigen gemacht, dass ihr auf ihr leben und glücklich sein möget. Von euch verlange ich nur eines: immer und zu allen Zeiten den Schöpfer zu ehren. Ihr sollt weise sein und miteinander in Harmonie leben. Mögen diese Tugenden wachsen und euch niemals verlassen, solange ihr lebt.«

So verteilten sich die ersten Menschen über die Erste Welt, jeder in seine Richtung. Sie waren glücklich und begannen sich zu vermehren.

Nacherzählt von Amina Agischewa

Das Lied der Holunderflöte – Coyotes Beitrag zur Schöpfung

In den Mythen vieler Völker spielt der »Kulturheros« eine wichtige Rolle. Bei den nordamerikanischen Indianern vom Missouri bis Kalifornien treffen wir ihn in Gestalt des Koyoten, der Menschen und Tieren viele Sitten und Fertigkeiten (bei-)bringt. Zugleich bezeichnen ihn Mythenforscher als den »trickster«. Getrieben von Neugier und purer Lust, sucht er andere zu überlisten und trickst dabei doch oft nur sich selber aus. Wo er Unordnung in die wachsende Schöpfung bringt und selber dabei Schaden nimmt, spielt er uns gewissermaßen eine »mythische Lektion« vor, wie wir nicht sein sollen, und erhebt sich gleich darauf, kraft mythischer Unverwüstlichkeit aus dem Staub zu neuen (Un-)Taten, fast wie eine der Comicfiguren unserer Zeit. In manchmal zarten, manchmal derben Geschichten vermag *Old Man Coyote* aber auch Wunderbares zu schaffen, nicht selten zu seinem eigenen Erstaunen, mitunter sogar eher versehentlich. So ist er mit seinen Urzeitkräften auf eine ganz eigene Weise am Werden der Welt beteiligt.

Das alte Erzählgut hat zahlreiche indianische Künstler und Schriftsteller unserer Tage zu modernen Coyote-Bildern und -Geschichten inspiriert. Der Irokese Blue Cloud hat diesem mythischen Tausendsassa in seinem Gedichtbändchen *Elderberry Flute Song: Contemporary Coyote Tales* (1982) ein Denkmal gesetzt. Das Titelgedicht hebt die schöpferische Seite Coyotes hervor und verweist auf die besondere Bedeutung der Musik im Leben und in den religiösen Riten der Indianer.

> Er saß so da auf einem stein
> am rande der welt,
> alles war ruhig und das, was da war,
> war wunderschön.
> Es lag eine harmonie und ganzheit
> im träumen,
> und frieden war ein wärmender lufthauch
> von der sonne her.
>
> Das meer hob und senkte sich
> im rhythmus seines geistes,
> und sterne blinkten als gedankenpunkte
> die zum sinn führten.
> Das universum drehte sich in der gewaltigen weite
> des raumes wie ein traum,
> ein traum, der einst gegeben,

nur als erinnerung
für immer weiter trug.

Er hob die flöte an die lippen,
süß vom frühling,
und behutsam spielte er einen ton,
der viele jahreszeiten lang
über dem, was da war, schwebte.
Und alles war zufrieden
im wissen um musik.

Dieser einzelne ton
wehte hinfort
im geist der schöpfung
und wurde zum winzigen rund.
Und dieses rund rührte sich,
öffnete neu geborene augen
und sah staunenden blickes
auf seine eigene geburt.

Dann folgte ton auf ton
in einer melodie, die
das gefüge ersten lebens wob.
Die sonne gab den wartenden sämlingen wärme,
und so entstand unglaubliche vielfalt
aus dem lied einer flöte.

Übertragen von Dietmar Först

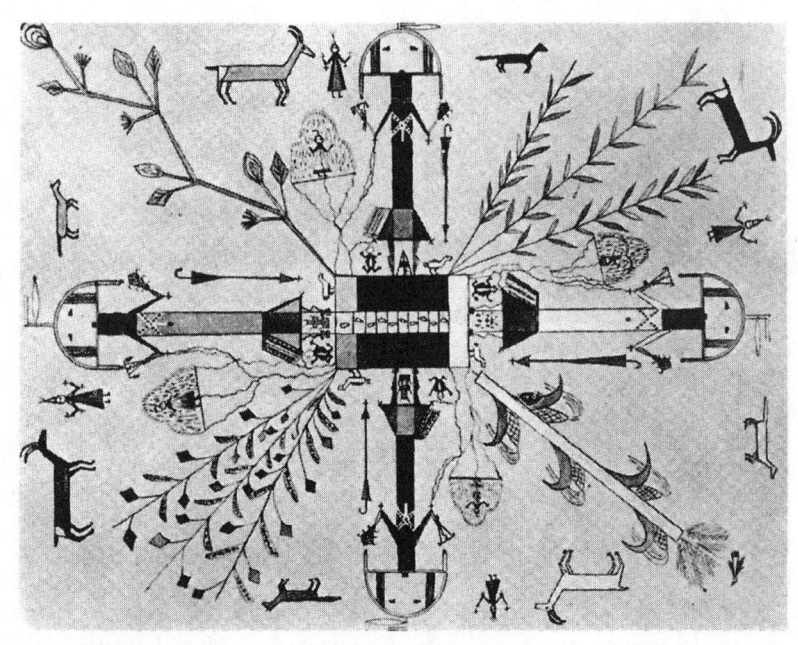

In der Mitte dieser Schöpfungs-Sandmalerei der nordamerikanischen Navajo-Indianer sieht man die Leiter, auf der die Navajo in die Welt einstiegen. Ringsum die Figuren der Himmelsrichtungen, wobei links (Westen) der Zwielicht-Mann, oben (Norden) das Dunkelheits-Mädchen, rechts (Osten) der Dämmerungs-Mann (weiß) und unten (Süden) das Abend-Mädchen stehen.
Links von jeder Figur befindet sich einer der vier Berge, die die Ecken der Welt bildeten, bevor diese gedehnt wurde. Links von jedem Kopf sind die ersten Menschen zu sehen und rechts verschiedene Formen des Coyote. In den Zwickeln zwischen den Figuren befinden sich die Pflanzen, die die Menschen auf der Erde vorfanden und die sie als Nahrung und als Tabak nutzten.
Ein solches Sandbild entstand in einem aufwendigen Ritus, der Stärkungs- und Heilungszwecken diente. Während des Ritus (und nur dann) wurden die dazugehörigen Mythen erzählt. Nach dem Ritus wurde das Sandbild eingeebnet.

Der Schöpfungsmythos der Tolteken

Dieser komplizierte Schöpfungsmythos enthält viele Elemente, die mit Schöpfungsvorstellungen der Azteken übereinstimmen. Die Tolteken, im 9. Jahrhundert n. Chr. in das Hochland von Mexiko eingewandert, gründeten um 920 ein größeres Reich mit der Hauptstadt Tula. Dieses Reich wurde um 1160 durch die kampfgeübteren Azteken vernichtet. Beide Völker kannten Quetzalcoatl (die »gefiederte Schlange«), der bei den Tolteken zunächst noch Hoherpriester in Tula war, dann aber bald zum Gott der Luft aufstieg. Von großer Gestalt, mit heller Haut und leuchtenden Augen, habe Quetzalcoatl die blutigen Opfer bekämpft und ein friedvolles Zeitalter eingeleitet.

Im nachfolgenden Schöpfungsmythos ist Quetzalcoatl der dritte Sohn des Urgottes Ometeotl, der mit dessem vierten Sohn Huitzlopochtli eine geordnete Welt erschafft, in der es Feuer gibt, eine (allerdings nur halbleuchtende) Sonne, sowie Menschen als Mann und Frau, die ihr Dasein als sklavische Arbeiter jenseits aller Lebensfreude fristen. Die beiden Götter erschaffen die Zeit (den Kalender), Gott und Göttin der Unterwelt, sowie die zwölf unteren Himmel unter dem bereits bestehenden dreizehnten Himmel des Ometeotl. Sie erschaffen auch das Wasser mit einem nach Menschenherzen verlangenden Krokodilungeheuer, das, nachdem es besiegt und in Himmel/Erde aufgespalten ist, zur Welt der Menschen wird.

In vier früheren Weltzeitperioden gab es schon menschenartige Wesen, die aber allesamt untergingen. Im derzeitigen fünften Weltzeitalter wird der Rote Tezcatlipoca, der älteste Sohn des Ometeotl, zum Widersacher von Quetzalcoatl und Huitzlopochtli. Nach langen Auseinandersetzungen – immer mit der Sonne – behalten Quetzalcoatl und Tezcatlipoca einen unvergänglichen Sitz am Himmel.

Im dreizehnten *obersten* Himmel lebte der große Gott Ometeotl, der auch *Herr-unserer-Nahrung* hieß. Seine Frau Xochiquetzal gebar ihm vier Söhne. Der älteste war Camaxtli, genannt der *Rote Tezcatlipoca*, weil er bei seiner Geburt krebsrot gefärbt war. Der zweite Sohn hieß der *Schwarze Tezcatlipoca*: ein Riese an Gestalt und ein Riese an Bosheit. Er wurde als rabenschwarzer Kerl »im Mittelpunkt aller Geschöpfe und Dinge« geboren. Der dritte Sohn war Gott *Nacht-und-Wind*, unter dem Namen Quetzalcoatl Vorbild und Führer der Tolteken und Azteken. Der jüngste Bruder hieß *Zwölfköpfige Schlange*, auch als *Herr-des-Knochens* bekannt, weil er bei seiner Geburt und weitere sechshundert Jahre lang so dünn und dürr war, dass man durch die Haut seine Rippen zählen konnte. Dennoch wurde er als der Gott Huitzlopochtli gleichfalls zu einem bedeutenden Lehrer seines Volkes.

Die vier Söhne des Urgottes wurden zur Zeit des großen Chaos geboren, in dem sie sechshundert Jahre lebten. Dann trafen sie sich, um über die Zukunft der Welt zu beraten. »Es wäre dringend«, so erkannten sie, »endlich die Gesetze des Alls – der Natur und des Lebens – zu beschließen.«

Sie kamen überein, die göttlichen und weltbeherrschenden Aufgaben unter sich aufzuteilen. Quetzlcoatl und Huitzlopochtli erhielten den Auftrag, die Weltordnung zu begründen. Da das All noch im Dunkeln lag, entzündeten die beiden Götter das erste Feuer. Dann setzten sie eine Sonne an den Himmel. Aber es war nur eine halbe Sonne, deren Licht nur spärlich erleuchtete. Daraus entstand später ein heftiger Streit.

Immerhin konnten die Götter sehen, dass die Welt öde und leblos war. »Wir wollen einen Mann und eine Frau erschaffen«, beschlossen sie.

Der erste Mann war Oxomoco, seine Frau hieß Cipactonal. Die Götter gaben der ersten Frau Maiskörner. »Nimm sie«, sagten Ometeotls Söhne zu ihr. »Du sollst sie verwenden, um damit Zauber und Wahrsagerei zu betreiben und Kranke zu heilen!«

Zu Oxomoco und Cipactonal sagten die Götter: »Ihr sollt euer Leben lang arbeiten. Du, Oxomoco, sollst die Äcker bebauen, Vieh züchten und das Korn ernten. Und du, Cipactonal, wirst spinnen und weben, Kleider anfertigen, Essen kochen und die Kinder aufziehen. Eure Nachkommen sollen arbeiten, wie ihr arbeiten müsst. Alle, die von euch abstammen, sind zur Arbeit verurteilt. Ihr sollt zu essen haben, aber nicht mehr. Ihr sollt leben dürfen, aber nicht mehr.«

Die Götter verboten den ersten Menschen und ihren Nachkommen den Genuss und die Lebensfreude. Oxomoco und Cipactonal wurden die Stammeltern des einfachen Volkes, der Rechtlosen und Besitzlosen. Dieses Geschlecht war zum Sklavendasein verurteilt.

Nachdem die Götter die Zeit bestimmt und den Kalender eingerichtet hatten, schufen sie den Gott und die Göttin der Unterwelt und bestimmten sie dazu, als Fürsten des Totenreiches zu herrschen.

Hierauf bildeten Quetzlcoatl und Huitzlopochtli die zwölf unteren Himmel, nachdem der dreizehnte – oberste – bereits von ihrem Vater geschaffen worden war. Ometeotls Söhne ließen das Wasser entstehen und setzten Cipactli hinein, der ein riesiger Fisch war, jedoch eher einem Krokodil ähnlich sah. Das Ungeheuer hatte viele scharfzähnige Mäuler, die alles verschlangen, was sie schnappen konnten. Man sagt, es sei eine Frau gewesen – eine dunkle Göttin, die man manchmal nachts weinen hörte, weil sie die Menschenherzen nicht bekam, die sie am liebsten aß. Cipactli spürte in sich den unbezähmbaren Drang nach Menschenblut, und da sie obendrein die Göttin der Fruchtbarkeit war, kamen die späteren Azteken auf den Gedanken, ihr Menschen zu geben – Menschenherzen vor allem. Zahllose Opfer mussten die seltsamen Gelüste der erdhaften Göttin befriedigen.

Quetzalcoatl und sein ungestümer Bruder Tezcatlipoca hatten mit dem gefräßigen Krokodil, das eine Göttin war, bestimmte Pläne. »Wir wollen sie zur Erde machen«, sagten Ometeotls Söhne zueinander, »zum Wohnsitz der Tiere und Menschen!«

Die beiden Götter verwandelten sich in Schlangen und fielen über die Krokodilgöttin her. Sie packten sie an Armen und Beinen. Das Ungeheuer fauchte und schrie. Die Götter ließen nicht los. Das Furcht erregende Krokodil wehrte sich verzweifelt, erlahmte jedoch am Ende in seiner Kraft. Quetzalcoatl und Tezcatlipoca rissen es in zwei Hälften. Gewaltige Blutströme schossen hervor. Der untere Teil des Ungeheuers formte sich zum Himmel um. Der obere Teil fiel in die Tiefe und bildete die Erde. Die göttlichen Schlangen hingegen, die den Anfang der irdischen Welt gesetzt hatten, galten den Tolteken und Azteken künftig als Sinnbild der Zeit, so wie es noch heute der große *Aztekische Kalenderstein* zeigt, der am Ort des alten Tenochtitlan in Mexico City gefunden wurde.

Allerdings, so sagt die Überlieferung, gab es bereits vor den ersten Menschen, in früheren Zeitaltern, menschliche Wesen. In jedem Weltzeitalter erschufen die Götter neue Wesen. Einst, so steht geschrieben, machte Quetzalcoatl am Tag *Sieben Winde* Menschen aus Asche. Dann kam das Zeitalter des Wassers. Eine gewaltige Sintflut überschwemmte die Erde und riss auch die Menschen mit sich fort. Sie verwandelten sich in Fische, Wassertiere und Libellenlarven.

In einer späteren Periode, dem Zeitalter *Vier Jaguare*, stürzte mit lärmendem Getöse der Himmel ein. Um die Mittagszeit hielt plötzlich die Sonne ihren Lauf an. Eine undurchdringliche Finsternis legte sich über die Erde. Die Menschen krochen vor Angst in ihre Schlupfwinkel, wo die Jaguare sie aufstöberten und verschlangen. Es war das Zeitalter, in dem mächtige Riesen lebten, die sich vor nichts fürchteten – schreckerregende Gestalten, von deren Untaten die Menschen noch lange erzählten.

Im dritten Weltzeitalter, *Regensonne* genannt, fiel plötzlich Feuer vom Himmel. Die Menschen verbrannten zu Fels. Glühende Steine stürzten vom Himmel herab. Vulkane kochten und zischende Lava strömte aus. Damals sollen die roten Felsen, von denen Mexiko übersät ist, entstanden sein.

Hierauf folgte die vierte Erdperiode *Vier Winde*. Ungeheure Stürme tobten aus allen Himmelsrichtungen heran und verwüsteten das Land. Mit den Menschen aber, die damals lebten, ging eine seltsame Verwandlung vor sich. Gott nämlich, sagte man später, machte die Menschen zu Affen und jagte sie in die Wälder, die sie bis heute nicht verlassen dürfen. Demnach sind also die Affen nichts anderes als die Abkömmlinge eines früheren Menschengeschlechts.

Schuld daran soll der *Rote Tezcatlipoca* gewesen sein. Denn nachdem seine Brüder Quetzalcoatl und Huitzlopochtli einst die halbe Sonne geschaffen hatten, verspottete er sie, weil die Sonne so schwach schien. Er stieg zum Himmel auf und wurde selbst zur Sonne, deren Glanz die ganze Welt erleuchtete. Dort stand er 676 Jahre lang. Quetzalcoatl jedoch, der Herr des Geistes und des edlen Herzens, wollte nicht, dass sein wilder Bruder als strahlender Gott am Himmel stand und die Menschen verführte. Quetzalcoatl nahm einen Stock und schlug Tezcatlipoca so heftig, dass der Rote vom Himmel fiel und ins Meer stürzte.

Tezcatlipoca verwandelte sich in einen Jaguar, der knurrend mit ansehen musste, wie sich Quetzalcoatl nun als Sonne an den Himmel setzte und dort gleichfalls 676 Jahre lang strahlte. Da hob der Jaguar Tezcatlipoca seine Pranke und riss seinen Bruder vom Himmel herab. Bei Quetzalcoatls Sturz entstand der gewaltige Sonnenwind, der die Menschen mit sich fortwehte und in Affen verwandelte.

Heute besteht das fünfte Weltzeitalter *Vier Bewegungen*, wie es der *Aztekische Kalenderstein* zeigt. Einst, in der früheren Epoche, soll die Sonne fest am Himmel gestanden haben. Dann aber setzte sie sich in Bewegung, um wie eine Kugel um die Welt zu rollen. Darum heißt die gegenwärtige Epoche auch *Sonne-der-rollenden-Bewegung*. Man prophezeit, dass sich eines Tages, am Ende der Zeit, eine Hungersnot über die Erde ausbreiten und die Menschen vernichten wird. Dann werden gewaltige Erdbeben alles Leben auslöschen.

Nacheinander traten auch die übrigen Söhne des Urgottes Ometeotl als Sonnen an den Himmel und verloren ihre Herrschaft. Dann

Der Gott Quetzalcoatl (»Gefiederte Schlange«, halb Schlange, halb Paradiesvogel) wurde als eine der ältesten Gottheiten der Region von etwa 750 bis 1550 im gesamten mesoamerikanischen Kulturraum verehrt. Bei den Tolteken, die von den Azteken besiegt und unterworfen wurden, war er im 10. Jahrhundert ein Kulturheros – Erfinder der Landwirtschaft und des Kalenders – und ein Priesterkönig. Bei den Azteken war er Windgott, Gott des Himmels (Feder) und der Erde (Schlange). Er war Schöpfer der Menschen des fünften Weltzeitalters, Wasser- und Fruchtbarkeitsgott. Als Gott des Todes und des Lebens zugleich wurde er zum Bild der Lebensenergie, die die irdischen Elemente durchdringt. Quetzalcoatl war ein wohlwollender Gott, der den Menschen Wissen, Wohlstand und Frieden brachte. Einer Legende zufolge verbrannte er sich selbst, nachdem er gelobt hatte, eines Tages mit bärtigem Antlitz aus dem Osten zurückzukehren. Als der Spanier Hernán Cortés 1519 an der Ostküste Mittelamerikas landete, hielten ihn die Indianer mitsamt ihrem Herrscher Moctezuma anfangs für den wiederkehrenden Gott. Sie wurden bitter enttäuscht.

brach die Welt zusammen. Der Himmel lag auf der Erde und erstickte alles Leben.

»Wir müssen den Himmel wieder anheben!«, beschlossen die Götter. Zu ihrer Hilfe erschufen sie vier Riesen. Tezcatlipoca verwandelte sich in einen Spiegelbaum, Quetzalcoatl in den *Baum-der-Quetzalfederblume*. Die vier Riesen, die beiden göttlichen Bäume und die übrigen Götter stemmten den Himmel empor. So steht er noch heute über der Welt. Quetzalcoatl und Tezcatlipoca haben seitdem ihren Sitz hoch am Himmel. Sie sind zu unvergänglichen Göttern geworden, deren Macht niemand mehr brechen kann.

Die Erschaffung des Menschen nach dem Schöpfungsmythos der Azteken

Im aztekischen Schöpfungsmythos werden vier aufeinander folgende Welten geschaffen und wieder zerstört, bis als »Fünfte Sonne« die Welt gegenwärtiger Menschen entsteht. In der nachfolgenden legendären Fassung dieses Mythos, die Ähnlichkeiten mit der Menschenschöpfung der Quiché-Maya aufweist, sind der blaue Regengott Tlaloc, der Gott Xipe Totec, der schwarze Gott Tezcatlipoca und der weiße Gott Quetzalcoatl die Schöpfungsgottheiten. Mais, aus dem der Mensch, der Bestand hat, geformt wird, ist bekanntlich das Hauptnahrungsmittel im indianischen Mesoamerika.

Nun war die Sonne auf der Welt. Und im Wasser schwammen die Fische, und in der Luft flogen die Vögel, und unzählige Tiere gab es auf der Erde.

Aber keines der Tiere bedankte sich für die Sonne. Das gefiel den Göttern gar nicht.

»Wir werden Menschen schaffen«, beschlossen sie. »Sie werden uns nicht enttäuschen.«

Und so geschah es!

Der blaue Gott Tlaloc machte sich sogleich ans Werk. Er nahm Lehm und schuf daraus einen Menschen. Doch nicht umsonst heißt es »gut Ding braucht Weile«. Der Lehmmensch, den Tlaloc geschaffen hatte, konnte nicht einmal aufrecht stehen, und kaum war er in eine Pfütze gerutscht, da löste er sich auf. Da lachte Xipe Totec und sagte kühn: »Wie kann man Menschen aus Lehm machen. Schaut her, meine Menschen werden bestehen und sich nicht auflösen!«

Und schon nahm er ein Messer zur Hand, schnitt damit einige Äste ab und schnitzte aus den Ästen Figuren. Sie lösten sich nicht auf. Also ließen die Götter sie leben.

Aber die Holzmenschen verhielten sich wie Marionetten. Ihre Gesichter zeigten kein Lächeln, ihre Augen weinten keine Tränen, sie prügelten ihre Hunde, sie ließen Töpfe und Pfannen so lange auf dem Feuer, bis die Speise anbrannte, und schlugen mit Stöcken und Steinen derart aufeinander, dass ihre Holzglieder zerbrachen.

Die Götter schauten den Holzmenschen eine Weile zu. Sie gefielen ihnen nicht. Und die Holzmenschen nahmen auch bald ein schlechtes Ende.

Und eines Tages war es soweit.

Alle Tiere, Töpfe, Stöcke und Steine sagten den Holzmenschen den Kampf an. Sie entzündeten große Feuer und trieben die Holzmenschen in die Flammen hinein und ließen sie zu Asche verbrennen. Darauf sagte der schwarze Gott Tezcatlipoca:

»Lehm und Holz gibt es genug auf der Welt, deshalb werden wir daraus auch keine Menschen mehr machen. Gold ist das Wertvollste, wir machen Menschen aus Gold.«

Und Tezcatlipoca schuf seine Menschen aus Gold. Es waren ihrer nicht viele, doch sie strahlten so hell, dass allen die Augen übergingen. Und weil ihr Gott unentwegt auf ihre Schönheit achtete, dienten ihnen alle Tiere in Angst und Furcht.

Tezcatlipoca hatte Freude an seinen Menschen, die geehrt und geachtet wurden. Aber eines Abends sagte der weiße Gott Quetzalcoatl: »Die Welt braucht deine Aufgeblasenen, deine Goldenen, nicht! Sie rühren keinen Finger und lassen die Tiere für sich arbeiten. Die rechten Menschen müssen sich das Leben durch eigene Arbeit verdienen. Solche Menschen werde ich schaffen!«

Und er machte sich ans Werk. Er knetete aus weißem und gelbem Mais eine Masse und schnitt sich in den kleinen Finger, damit sich sein Blut mit der Masse vermische. Dann modellierte er sorgfältig den Rumpf, den Kopf und alle Glieder. Der Mensch war fertig. Nun hauchte ihm sein Schöpfer das Leben ein, und Morgenröte strahlte am Himmel, der neue Tag begann.

Seit dieser Zeit leben die Menschen auf der Erde, Menschen aus dem Blut des Gottes Quetzalcoatl ... Indianer.

Sie jagen und bebauen ihre Felder, und wenn sie sich keinen Rat wissen, fragen sie ihn, ihren Schöpfer.

Die ersten Menschen (Frau und Mann) klettern aus dem Mutterschoß-Baum (Weltenbaum), der unten von zwei göttlichen Wesen geöffnet wird, in die neuerschaffene Welt. Dies ist eine andere Menschenschöpfungsvorstellung Mittelamerikas!

Darstellung der Mixteken (mexikanischer Indianerstamm, dessen Kultur bis ins 8. Jahrhundert n. Chr. zurückgeht). Aus: Codex vindobonensis mexicanus, Mexiko. Österreichische Nationalbibliothek, Wien.

Die Schöpfung nach dem Popol Vuh der Quiché-Mayas

Das »Popul Vuh« (»Buch des Rates«, auch zu verstehen als »Buch der Gemeinschaft«) ist das heilige Buch des mächtigen Quiché-Stammes der Maya in den westlichen Gebirgen von Guatemala. Als Pedro de Alvarado 1524 das Land der Quiché eroberte, wurden deren heilige Bücher vernichtet, doch schrieb ein zum Christentum übergetretenes Mitglied des Stammes zwischen 1554 und 1558 das Popul Vuh in der ursprünglichen Maya-Quiché-Sprache mittels des lateinischen Alphabetes noch einmal auf. Eine Abschrift des frühen 18. Jahrhunderts ist erhalten. Erzählt wird die Geschichte der Quiché vom Beginn der Schöpfung bis zu den Quiché-Herrschern des Jahres 1550. Vor allem der hier nach der Übersetzung von Wolfgang Cordan wiedergegebene kosmogonische Abschnitt des Mythos zählt zu den schönsten Schöpfungsmythen der Welt.

Das ruhende All ist als erstes da, ruhendes Wasser und des Himmels weiter Raum. Und das Herz des Himmels ist da und das Herz der Erde – beides geheimnisvoll. Im Wasser aber sind die Schöpfergottheiten Tepëu und Cucumátz. Von vornherein haben diese den Menschen im Sinn, aber sie erschaffen zunächst die Erde und das Licht. Sie sprechen – und es ist da (wie in Genesis 1, wie im Koran). Auf der Erde entstehen Berge und Täler, Bäume und Bäche. Dann werden Tiere und Vögel erschaffen, und jeglichem wird sein Ort zugewiesen. Als aber die Tiere mit ihren Stimmen nicht fähig sind, die Schöpfergottheiten zu loben, beschließen diese die Erschaffung des Menschen. Mit ihm kommen Ruhm und Größe und die Fähigkeit zu danken.

Ähnlichkeiten des Quiché-Mythos mit Aussagen biblischer Schöpfungstexte sind unverkennbar. Besonderheit des Textes sind die rhythmischen Wiederholungen.

Das ist die Kunde: Da war das ruhende All. Kein Laut. Reglos und schweigend die Welt. Und des Himmels Raum war leer.

Dies ist die erste Kunde, das erste Wort. Noch war kein Mensch da, kein Tier. Vögel, Fische, Schalentiere, Bäume, Steine, Höhlen, Schluchten gab es nicht. Kein Gras. Keinen Wald. Nur der Himmel war da.

Noch war der Erde Antlitz nicht enthüllt. Nur das sanfte Meer war da und des Himmels weiter Raum.

Noch war nichts verbunden. Nichts gab Laut, nichts bewegte, nichts erschütterte, nichts brach des Himmels Schweigen. Noch gab es nichts Aufrechtes. Nur die ruhenden Wasser, das sanfte Meer, einsam und still. Nichts anderes.

Unbeweglich und stumm war die Nacht, die Finsternis. Aber im

Wasser, umflossen von Licht, waren diese: der Sieger Tepëu und die Grünfederschlange Cucumátz. Unter grünen und blauen Federn waren sie verborgen, darum sagt man Grünfederschlange. Große Weisheit und große Kunde ist ihr Wesen. Darum gab es den Himmel und des Himmels Herz, dessen Name ist Huracán.

In Dunkelheit und Nacht kamen Tepëu und Cucumátz zusammen und sprachen miteinander. Also sprechend berieten und überlegten sie. Sie kamen überein und ihre Worte und Gedanken glichen sie einander an. Und sie erkannten, während sie überlegten, dass mit dem Licht der Mensch erscheinen müsse. So beschlossen sie die Schöpfung und den Wuchs der Bäume und Schlingpflanzen, den Beginn des Lebens und die Erschaffung des Menschen. So wurde entschieden in Nacht und Finsternis vom Herzen des Himmels, Huracán.

Es trafen sich also Tepëu und Cucumátz und sprachen von Leben und Licht, von Helle und Dämmerung, und wer Nahrung schaffen würde und Unterhalt.

»Es geschehe! Es fülle sich die Leere! Weichet zurück, ihr Wasser, und gebt Raum, dass die Erde aufsteige und sich festige!«

So sprachen sie:

»Es werde Licht! Dass Himmel und Erde sich erhellen! Nicht Ruhm noch Größe wird sein, bis der Mensch erscheint, bis der Mensch geschaffen.«

So sprachen sie.

Und sie schufen die Erde. »Erde!«, sagten sie, und im Augenblick war sie geschaffen. In Nebel, Wolken und Staub geschah die Schöpfung, als die Berge sich aus den Wassern erhoben. Und sogleich wuchs sie. Durch ein Wunder wurden Berge und Täler geschaffen. Und zugleich sprossen Zypressen und Tannen und bedeckten der Erde Antlitz.

Freude erfüllte Cucumátz und Tepëu. Und sie sprachen: »Heil brachte dein Erscheinen, Herz des Himmels, du, Huracán! Unser Werk, unsere Schöpfung, wird beendet werden«, sagten sie.

Zuerst bildete sich die Erde mit Gebirgen und Tälern. Es teilten sich die Wasser, und die Bäche liefen frei zwischen den Hügeln.

So geschah die Schöpfung der Erde, als sie geformt wurde vom Herzen des Himmels, vom Herzen der Erde, wie jene genannt werden, die sie zuerst befruchteten, als der Himmel noch ruhte und die Erde unter den Wassern verborgen war.

So wurde das Werk vollendet, das die Götter vollbrachten nach reiflicher Überlegung.

Darauf schufen sie die Tiere des Waldes, die Wächter der Wälder und Berge: Rehe, Löwen, Jaguare, Vögel; und als Wächter der Lianen schufen sie Schlangen, Nattern und Vipern.

Es sagten sich nämlich die Götter: »Nichts bewegt sich unter Bäumen und Lianen. Nichts als Schweigen. Ihre Wärter sollen sie haben.«

Das sagten sie sich, während sie überlegten und miteinander berieten. Und sogleich schufen sie das Wild und die Vögel. Und sie gaben einem jeglichen seine Stätte: »Du, Reh, wirst in den Niederungen der Flüsse und in den Schluchten schlafen. Im Gebüsch wirst du stehen und im Gras. Im Wald wirst du dich fortpflanzen. Auf vier Beinen wirst du dich aufrecht halten.«

Und wie gesagt wurde, so geschah es.

Darauf wiesen sie den kleinen und großen Vögeln ihre Stätte an: »Auf den Bäumen und in den Lianen werdet ihr Vögel wohnen, dort werdet ihr eure Nester bauen, dort werdet ihr euch vermehren, zwischen Zweigen und Lianen werdet ihr leben.«

So sprachen sie zu Wild und Vogelwelt. Und diese gehorchten und suchten ihre Stätten und ihre Nester. So gaben die Götter den Tieren der Erde ihre Wohnstatt.

Und nachdem die Schöpfung der Vierfüßler und der Vögel beendet war, sprachen die Götter zu ihnen: »Redet, schreit, trillert, ruft! Redet alle, ein jegliches nach seiner Art.«

So sprachen sie zum Reh, zu den Vögeln, zu Puma, Jaguar und Schlange. »Redet doch zu uns, in unserm Namen, zu eurem Vater, zu eurer Mutter. Lobet uns. Rufet den Huracán, das Herz des Himmels, das Herz der Erde, die Götter, die euch schufen. Sprechet! Rufet uns an! Verehrt uns!«, so sagten sie ihnen.

Aber jene konnten nicht wie Menschen sprechen. Sie zischten, schrien und gackerten. Sie konnten kein Wort formen, und ein jegliches schrie nach seiner Art.

Als die Götter aber sahen, dass jene nicht sprechen konnten, sagten sie zueinander: »Sie können uns nicht beim Namen nennen, uns, ihre Former und Bildner.«

Und die Götter sagten zueinander: »Das ist nicht gut.«

Zu den Tieren sagten sie: »Wir werden euch ersetzen, da ihr nicht sprechen könnt. Wir haben unsern Sinn geändert. Eure Nahrung, euer

Gras, eure Lager und Nester sollt ihr in den Schluchten und Wäldern haben. Aber ihr wart nicht fähig, uns anzubeten und anzurufen. Darum werden wir andere schaffen, die uns willig sind. Das ist fortan euer Schicksal: Euer Fleisch wird vertilgt werden. So sei es!«
So verkündeten sie ihren Willen den Tieren auf der Erde Antlitz, den kleinen und den großen.

Um ihrem Los zu entrinnen, machten die Tiere einen neuen Versuch und trachteten die Schöpfer anzubeten. Aber sie verstanden sich nicht einmal untereinander, und vergeblich waren alle ihre Versuche. Darum wurde ihr Fleisch geopfert, und die Tiere auf dem Antlitz der Erde waren fortan verdammt, getötet und gefressen zu werden.

So galt es denn einen Versuch, den Menschen zu schaffen und zu bilden. Die Götter sagten: »Auf ein Neues! Schaffen wir jene, die uns erhalten und ernähren. Was ist zu tun, dass man uns anrufe und erinnere auf der Erde? Schon schufen wir unsere ersten Werke. Unsere ersten Wesen. Aber sie konnten uns nicht preisen und verehren. Lasst uns denn ein Wesen schaffen, das gehorsam sei und ergeben und uns nährt und erhält.«

Also sprachen sie.

Es sprachen Tepëu und Cucumátz: »Schon will es Morgen werden. Lasset uns das Werk der Schöpfung schön vollenden. Erscheinen sollen, die uns erhalten und ernähren, die leuchtenden Söhne des Lichts. Es erscheine der Mensch! Belebt sei der Erde Antlitz!«

So sprachen sie.

In Nacht und Dunkelheit kamen sie zusammen und erwogen alles in ihrer Weisheit. Sie überlegten, suchten, bedachten und besprachen es. Und dann gelangten sie zur Einsicht. Sie fanden den Lebensstoff. Die Erleuchtung kam ihnen, woraus des Menschen Fleisch zu schaffen sei. Und wenig fehlte, dass Sonne, Mond und Sterne über den Schöpfern und Formern erschienen.

Aus Pan Paxil und Pan Cayalá kamen die gelben und weißen Maiskolben. Die Tiere aber, die den Göttern den Lebensstoff brachten, waren: die Wildkatze, der Coyote, der Papagei und der Rabe. Ihrer vier waren die Tiere, die den gelben, den weißen Mais brachten. Von Pan Paxil kamen sie und zeigten den Weg nach Paxil. So fanden die Götter den Lebensstoff. Aus dem schufen sie, formten sie des Menschen Fleisch. So ging der Mais durch der Götter Werk in die Schöpfung ein.

Und die Menschen sprachen, unterhielten sich, sahen und hörten, liefen und ergriffen Dinge. Es waren gute und schöne Menschen. Vernunft war ihnen gegeben. Sie schauten, und sogleich sahen sie in die Ferne; sie erreichten, alles zu sehen, alles zu kennen, was es in der Welt gibt. Wenn sie schauten, sahen sie sogleich alles im Umkreis, und ringsherum sahen sie die Kuppel des Himmels und das Innere der Erde. Alle fernverborgenen Dinge sahen sie, ohne sich zu bewegen. Sofort sahen sie die ganze Welt, und sie sahen diese von dort, wo sie standen.

Groß war ihre Weisheit. Ihr Auge reichte bis zu den Wäldern, den Felsen, den Lagunen, den Meeren, den Bergen und den Tälern. Wunderbare Menschen waren sie in Wahrheit.

Und sie dankten darauf den Göttern: »Wahrlich, wir danken euch, zweimal, dreimal. Erschaffen wurden wir, einen Mund hat man uns gegeben und ein Gesicht. Wir sprechen, denken, gehen. Vorzüglich erscheint uns alles, und wir kennen alles, sei es ferne oder nahe. Und was groß ist oder klein am Himmel oder auf Erden – wir sehen es. Ja, wir danken euch, dass ihr uns schufet.«

Da waren viele dunkle und helle Menschen, Menschen vieler Stände, Menschen mannigfacher Zunge, wunderbar war es, sie zu hören.

Bald kannten sie alles. Und sie erforschten die vier Windrichtungen und die vier Himmelsrichtungen und das Antlitz der Erde.

Und während sie die Sonne erwarteten, betrachteten sie den Morgenstern, den Großen Stern, ihn, der vorangeht der Sonne, die des Himmels Gewölbe erhellt und das Antlitz der Erde, die erleuchtet die Schritte des Menschen, geschaffen und geformt.

Wolfgang Cordan (gekürzt und bearbeitet von D. Steinwede)

Viracocha, der Schöpfergott der Inka

Viracocha (»Meeresschaum«), höchster Gott der Inka (schon vor deren Zeit in peruanischen Andenkulturen verehrt), war für diese jungfrauengeborener Schöpfer des Universums und der Menschheit, Grund des Seins, Quelle aller Macht. Er war der große Lehrer, der, weiß von Hautfarbe, bärtig, in weißes Tuch gekleidet, mit dem Stab in der Hand durchs Land zog, den Inkastämmen (ihr seit 1200 n. Chr. bestehendes Großreich erstreckte sich von Ecuador bis Chile) Kulturtechniken und Feuer zu bringen.

Am Titicacasee, der nahezu allen Andenvölkern als Ursprungsort der Welt galt, hatte Gott Viracocha (der Name ist spanisch, der Inka-Name lautet Wiraqoca) die Gestirne und die Menschen geschaffen. Als die Menschen sich ihm widersetzten, verwandelte er einige von ihnen in Stein, die anderen ließ er in einer Sintflut ertrinken. Drei blieben übrig. Aus ihnen entstand ein neues Menschengeschlecht.

In der Inkahauptstadt Cuzco hatte Viracocha einen eigenen Tempel, ob auch im uralten Kultort Tiahuanaco am Titicacasee (dort gab es viele Tempel) ist unbekannt. Der Mythos indes erzählt davon.

Für den letzten Inkaherrscher Atahualpa, der von dem spanischen Konquistadoren Francisco Pizarro 1533 (Ende der Inkazeit!) so grausam hingerichtet wurde, war der hellhäutige, bärtige Spanier zunächst der wiederkehrende Gott Viracocha. Die Parallelität zum Aztekenkönig Moctezuma, der 1519 den Spanier Hernán Cortés für den wiederkehrenden Gott Quetzalcoatl hielt, ist erstaunlich.

Sie nannten ihn Viracocha. Er war von Anfang da, bereits ehe die Welt bestand. Seine Hautfarbe war weiß, und er kleidete sich in ein weißes Gewand. Als Zeichen seiner Macht trug er einen Stab, als Zeichen seiner Weisheit ein Buch.

Nachdem Viracocha die Welt erschaffen hatte, wollte er sie bevölkern. Zuerst zeichnete er gewaltige Riesen in Steinplatten und formte danach Skulpturen, denn er wollte herausfinden, wie groß die Menschen sein sollten. Es entstanden klobige, unförmige Gestalten. Als Viracocha sie betrachtete, erschrak er. Sie waren sehr viel größer als er selbst, und das fand der Schöpfer nicht gut. So beschloss er, die Menschen nicht größer zu machen, als er selbst war. Er formte sie nach seinem Ebenbild.

Damals gab es weder Sonne noch Mond noch Sterne, die Licht in die Welt brachten. Die ersten Menschen lebten im Dunkeln. Gott Viracocha sprach zu ihnen: »Ihr sollt mich verehren und mir dienen.

Ihr sollt in Frieden miteinander leben und fleißig sein. Ihr sollt nichts Schlechtes voneinander reden, nicht stehlen und nicht morden! Wenn ihr befolgt, was ich euch befehle, wird es euch gut gehen. Wenn ihr euch gegen meinen Willen versündigt, werde ich euch vernichten!«

Anfangs waren die Menschen vernünftig. Sie lebten in Eintracht miteinander und gehorchten ihrem Schöpfer. Dann aber wurden sie habgierig, stolz und vermessen. Der Unfriede kam. Der Hass erwachte. Der Neid plagte sie. Die Menschen lehnten sich gegen Viracocha auf.

Er sah es mit Zorn. Und er rief: »Ihr seid ungehorsam gegen mich. Ich verfluche euch!«

Die Menschen kümmerten sich nicht darum. Da schickte Viracocha die Strafe. »Zu Stein sollt ihr werden!«, rief der Schöpfer. Und viele erstarrten zu Stein. »Erde, tu dich auf!«, befahl er. Erdbeben brachen aus, und das Land verschluckte viele Menschen.

»Pachacuti soll kommen!«, rief er. Und Pachacuti kam: eine schreckliche Sintflut, die das Land überschwemmte. Es regnete sechzig Tage und Nächte lang. Das Wasser ersäufte alle, die bislang überlebt hatten. Von den Geschöpfen blieben nur die zurück, die Gott Viracocha in Steine verwandelt hatte. Sie sollten am Wegrand stehen als steinerne Mahnmale - den künftigen Geschlechtern zur ewigen Warnung.

Ehe Gott Viracocha die Menschen vernichtete, rettete er drei Gerechte vor dem Untergang. Denn er wollte die Erde nicht für alle Zeit unbelebt lassen, sondern neue Menschen schaffen, und dabei sollten ihm die drei Männer helfen.

»Wir wollen warten«, sagte Viracocha zu ihnen, »bis die Erde wieder trocken geworden ist. Dann werden wir eine bessere Welt machen.« Nachdem sich das Wasser verlaufen hatte, ging der Schöpfer mit den drei Männern zum Titicacasee im Hochland. Er setzte mit seinen Dienern auf die große Insel über. Hier erschuf er die Sonne und befahl ihr, zum Himmel emporzusteigen, damit sie der Erde Licht und Wärme spende.

Auf der nahe gelegenen kleinen Mondinsel erschuf Gott Viracocha die Nachtgestirne. Anfangs schienen Sonne und Mond gleich hell. Das ärgerte die Sonne, die sich etwas darauf zugute hielt, dass Gott Viracocha sie zuerst erschuf. Wütend warf sie dem Mond, als der sich gerade von der Insel erhob, Asche ins Gesicht. Daher hat er bis heute seine dunklen Flecken.

Auf der Sonneninsel ließ Viracocha von seinen Dienern einen Tempel erbauen zur Erinnerung an seine göttlichen Werke. In dieser Huaca sollten die Menschen, die er zu erschaffen gedachte, ihn verehren und anbeten.

Zu dieser Zeit widersetzte sich Tauapacac, einer der drei Diener, dem Befehl des Gottes. Er wollte nicht länger Diener sein.

»Warum befiehlst du«, sagte er zu Viracocha, »und wir müssen gehorchen?«

»Weil ich der Schöpfer bin«, entgegnete der Weißgesichtige. »Weil ich der Herr und Gott bin!«

Tauapacac murrte. Da befahl Viracocha den beiden übrigen Dienern: »Packt ihn! Bindet ihn! Legt ihn auf ein Binsenfloß und überlasst ihn seinem Schicksal!«

Die Männer warfen Tauapacac zu Boden und fesselten ihn an Händen und Füßen. Sie schnitten Schilf ab, bauten ein Floß, legten den Geächteten darauf und stießen das Floß vom Ufer ab.

Tauapacac rief dem Weißgesichtigen zu: »Fürchte dich vor mir, armseliger Gott. Ich werde wiederkommen und mich an dir rächen!«

Das Boot glitt im Schatten der Nacht über den See. Wind und Strömung trieben es von der Sonneninsel fort. Es verlor sich in der Weite des Wassers. Viracocha und seine beiden Helfer kehrten zum Festland zurück und erreichten den Ort Tiahuanaco.

Der Schöpfer sagte: »Ich will neue Völker schaffen, damit die Erde nicht leer bleibt.«

Eine Zeitlang war er damit beschäftigt, die Abbilder all der künftigen Stämme des Andenhochlandes in riesige Steintafeln einzumeißeln. »Jeder Stamm«, so sagte der weißhäutige Gott, »soll in einer anderen Landschaft, an einem anderen Ort wohnen.«

Er gab ihnen Namen. »Merkt euch die Namen!«, ermahnte er seine Diener. »Merkt euch, in welchem Tal, an welchem Fluss, bei welchem Berg, an welchem Ort sie wohnen sollen!«

Nachdem Viracocha alle Völker in Stein geritzt hatte, sagte er zu seinen Dienern: »Wir werden uns jetzt trennen. Jeder von uns wird in eine andere Richtung gehen und dort, wo die Stämme wohnen sollen, ihre Namen rufen, damit sie hervorkommen, Gemeinschaften bilden und sich vermehren.«

Sie verließen Tiahuanaco und gingen über die Hochebenen und Gebirgspässe, durch die Täler und an den Flüssen entlang. Wo es

Unter verschiedenen Namen und mit unterschiedlichen Charakterzügen war Viracocha in der gesamten Andenregion bekannt. Vornehmlich wurde er als wohlwollender Schöpfer von Gestirnen und Menschen, der als Wanderer die einzelnen Stämme kulturelles Wissen lehrte, verehrt.

Bronzefigur der nordwestargentinischen La-Aquada-Kultur, die Viracocha mit Strahlen und eidechsenartigen Botenfiguren auf seinen Schultern zeigt. Um 700 n. Chr. Museo de la Plata, Argentinien.

bestimmt war, blieben sie stehen und riefen: »Viracocha befiehlt euch hervorzukommen! Ihr sollt einen Stamm bilden, euch vermehren und dieses Land bevölkern. Dies befiehlt Viracocha, der euch erschaffen hat!«

Sie gingen nach Cochabamba, Oruro und Taena, nach Puno, Arequipa und weit herum. Sie nannten die Namen der Orte, Berge, Flüsse und Provinzen. Und die Menschen kamen herbei: die einen aus den Felsspalten und Höhlen, andere aus den Bäumen und Büschen, andere aus Quellen und Seen. Sie schlossen sich zusammen und nannten sich Volk.

Es heißt auch, dass ihnen Viracocha zuvor ihre Seele einhauchte und ihnen eine Sprache gab. Alle sprachen anfangs, ehe sie Völker bildeten, die gleiche Sprache. Damals bauten die Menschen ihrem Schöpfer in Tiahuanaco als Göttersitz prachtvolle Gebäude.

Der Weißhäutige ging weiter über Land, um seine Lehren zu verbreiten. So kam er auch an den Ort Cacha. Hier lebte ein besonders großer Stamm. Es waren seine Geschöpfe, jedoch erkannten sie ihn nicht. Sie sahen nur, dass er anders war als sie. Er besaß eine weiße Hautfarbe, sie dagegen waren rot. Er trug einen schwarzen Bart, sie waren bartlos. Er kleidete sich in weißes Tuch, sie in dunkles. Er kam in Schuhen daher, sie gingen barfuß. Er sprach anders als sie und er benahm sich anders als sie. Er sprach von Gehorsam. Sie wollten frei sein. Er befahl. Sie wollten nicht gehorchen. »Was ist das für einer?«, fragten sie und deuteten mit Fingern auf ihn.

»Kann er zaubern?«

»Was will er bei uns?«

Sie fürchteten sich vor ihm. Sie wollten nichts mit ihm zu tun haben. Sie verspotteten ihn und wünschten ihn weit fort. Als er nicht ging, sondern seine Lehren predigte, wollten sie ihn töten.

Viracocha blieb es nicht verborgen. Schon standen die Männer auf dem Berg von Cacha, hoben die Speere und schwangen die Keulen. Sie schrien und machten Anstalten, vom Berg herabzukommen und über den Weißhäutigen, der sich Gott nannte, herzufallen. Da kniete er nieder, hob die Hände zum Himmel empor und rief Worte, die niemand verstand. Blitze zuckten. Der Himmel übergoss sich glühend rot, und es fiel Feuer herab. Alle, die auf dem Berg standen, verbrannten bei lebendigem Leib. Selbst die Steine und die Erde brannten.

Angst und Schrecken erfüllten die Überlebenden. Sie warfen sich vor dem Unheimlichen nieder. »Verzeih uns«, flehten sie. »Hab Mitleid, Herr. Du bist schrecklich in deinem Zorn. Sei barmherzig und verschone uns!«
Da ließ Viracocha Gnade vor Recht ergehen. Er hob seinen Stab und löschte damit das Feuer.
Der Schöpfer verließ den Ort und ging nach Urcos, südlich von Cuzco. Die Bewohner empfingen ihn mit allen Ehren. Sie erkannten den Weißgesichtigen und beteten ihn an. Auf der Höhe erbauten sie eine Huaca, wo sie Viracocha opferten. Zu Ehren des Gottes brachten sie Gold, Silber und andere Opfergaben.
Der Weißhäutige ließ seine Befehle und Lehren zurück und verließ die Hochebene. Er hatte sein Werk vollendet. In der Nähe von Manta und Puerto Viejo an der peruanischen Meeresküste traf er mit seinen beiden Dienern zusammen, die gleichfalls ihre Mission erfüllt hatten.
Viracocha befahl alle Leute der Gegend zu sich. Ihnen rief er zu: »Ihr seid meine Kinder. Ich habe euch erschaffen. Ich habe euch das Leben gegeben. Ich habe euch gesagt, was gut und was böse ist. Jetzt kommt die Zeit, da ich euch verlasse. Befolgt meine Lehren und Gebote, sonst trifft euch die Strafe. Ich bin Viracocha, euer Schöpfer, der Schöpfer aller Dinge. Ihr wisst es. Wenn ich nicht mehr unter euch bin, werden andere kommen, die behaupten, Viracocha zu sein. Glaubt ihnen nicht. Folgt ihnen nicht. Es sind Betrüger. Damit ihr erkennt, dass es Betrüger sind, werde ich euch meine Boten senden. Sie sagen euch, was wahr und was unwahr ist. Sie werden euch vor den falschen Göttern beschützen.«
Die Leute fielen nieder und beteten den Weißgesichtigen an. Vor ihren Augen ging er zwischen seinen beiden Dienern zum Ufer. Und vor ihren Augen schritten der Gott und seine Begleiter übers Meer, als beträten sie festes Land. Fuß setzten sie vor Fuß auf dem Wasser, ohne zu versinken. Noch lange waren in der Abenddämmerung ihre dunklen Gestalten zu sehen, von silbernem Licht umflossen, ehe die Nacht kam und sie einhüllte.
»Er ist Viracocha«, murmelten die Leute ehrfürchtig. »Er ist der *Schaum des Meeres*!« Denn er glitt so leichtfüßig, hellleuchtend übers Meer, wie die Schaumkronen auf den Wellen in die Ferne tanzen.

Der Schöpfergott des Wortes bei den Guaraní

Das indianische Guaraní-Volk im Regenwald von Paraguay hat seine kulturellen Wurzeln bewahren können. Sein Schöpfungsmythos – er wurde Anfang des 20. Jahrhunderts von Curt Unkel, der lange bei den Guaraní lebte, neu erzählt – stammt aus uralten Zeiten. Wie Genesis 1 hat er im Zentrum das schaffende Wort. Die Guaraní, die vor 2000 Jahren als Einwanderer an den Paraná-Fluss im heutigen Paraguay kamen, sind auf der Suche nach einer »Erde ohne Übel«. Einer ihrer Dichter sagt es: »Die Armen dieser Erde wollen ein Land ohne Übel schaffen, das jeden Morgen neu kommt.« Die Erde ist für die Guaraní gut, ein Gegenstand religiöser Verehrung. Sie wird in Gebet, Gesang und Festen gefeiert.

Der wahre Vater Ñamandú, der Erste,
Gott in seinem himmlischen Sein,
schuf in seiner göttlichen Weisheit
Feuerflammen und Nebel.
Als er sich zum Menschen gemacht hatte,
erkannte er in göttlicher Weisheit
für sich selbst
das künftige Schöpfungswort.
Aus seiner göttlichen Weisheit
ließ unser Vater
das Schöpfungswort sich eröffnen,
wie eine Blumenknospe sich öffnet.
Er schuf es als sein Abbild,
göttlich und himmlisch.

Bevor die Erde war
inmitten der Urfinsternis,
bevor man Dinge erkannte,
schuf Ñamandú, der Urvater,
die Anfänge der menschlichen Sprache,
damit der Mensch an seiner Gottheit teilhaben könne.

Als Antwort auf das Schöpfungswort,
das er in seiner göttlichen Weisheit
wie eine Blume hervorsprießen ließ,

erkannte er für sich selbst
die Liebe zum anderen.

Als er das Schöpfungswort gesprochen hatte
und die einzige Liebe wie eine Blume knospen ließ,
da machte er in seiner göttlichen Weisheit,
dass ein ermunternder Gesang anhob.
Bevor die Erde war,
inmitten der Urfinsternis,
noch bevor man Dinge erkannte,
schuf er für sich selbst einen ermutigenden Gesang.
Als er den Anfang
des künftigen Schöpfungswortes sich geoffenbart hatte,
als er die Urliebe
wie eine Blüte für sich knospen ließ
und den ermutigenden Gesang für sich anheben ließ,
da fasste er den heiligen Beschluss,
wem er das Schöpfungswort mitteilen werde,
wen er in diese einzigartige Liebe einschließen werde
und wen er an Wort und Musik des Gesanges
teilnehmen lassen werde.

Als er mit sich zu Rate gegangen war, erschuf er,
wer an seiner himmlischen Gottheit teilhaben sollte.
Und er ließ die Ñamandú,
die Väter der »großen Herzen«, hervortreten.
Sie schienen im Spiegel seiner göttlichen Weisheit auf,
noch bevor die Erde war,
inmitten der Urfinsternis.

Nach all dem
erdachte er in seiner göttlichen Weisheit,
die sich wie eine Blume öffnet,
den Stammvater der künftigen Kavaí,
den Stammvater der künftigen Jakairá,
den Stammvater der künftigen Tupā,
und er wollte ihnen Anteil geben
an seinem göttlichen Wesen.

Nach all dem
führte der Urvater Ñamandú
vor sein eigenes Herz,
die künftige Mutter der Ñamandú
(der Urväter der Völkerstämme),
und er schenkte ihr Anteil
an seinem göttlichen Wesen.

Weil die Stammväter des Volkes
dem göttlichen Urvater
in seiner göttlichen Weisheit ähnlich sind,
und weil sie Anteil haben
am Schöpfungswort,
an der ersten Liebe
und an der Komposition der ermutigenden Gesänge
und weil sie teilnehmen an der erschaffenen Weisheit,
deshalb nennen wir sie:
erhabene wahre Väter der Worte.

Jung und Alt fragen

Wer gab mir den Atem des Lebens, meine Gestalt aus Fleisch?
Wer gab mir den Schlag meines Herzens, meine Augen zu sehen?
Wer?
Wer gab der Rose die Anmut der Form,
die Schönheit des Farbenspiels?
Wer gab der Fichte das Geheimnis des Wachsens,
die Kraft zu heilen?
Wer gab dem Bären die Gabe des Zeitsinns,
einen Platz zum Überwintern?
Wie kam zum Adler die Gabe des Liebesblicks, des Zornesblitzes?
Wie?
Wer gab der Sonne ihr Licht zu scheinen, ihren Pfad zu wandeln?
Wer gab der Erde ihren grünenden Überfluss, die Zyklen des Seins?
Wer gab uns die Gaben, die wir nicht besitzen,
sondern leihen und weitergeben?
Wer einte uns? Wer ebnete den Pfad der Seelen?
Wer formte das Land des Friedens?
Wer?

Basil Johnson, Ojibwa-Indianer

Textverzeichnis

23–25	Aus: Mircea Eliade, Die Schöpfungsmythen. Aus dem Französischen von Elisabeth Klein. © Patmos Verlag/Albatros Verlag, Düsseldorf 2000.
26–27	ebd.
32	Aus: Klaus Berger, Psalmen aus Qumran. Gebete und Hymnen vom Toten Meer. © Quell/Gütersloher Verlagshaus, Gütersloh.
33–34	Nach: Der Koran. Übersetzung von Adel Khoury. 1987 Gütersloher Verlagshaus, Gütersloh (mit Änderungen).
40	Aus: Mircea Eliade, Geschichte der religiösen Ideen. © Verlag Herder, Freiburg 1981. Übers. v. Günter Lanczkowski.
42	Jörg Zink, Unter dem großen Bogen. Das Lied von Gott rings um die Erde. © 2001 Kreuz Verlag GmbH & Co. KG, Stuttgart.
49	Aus: Ivar Lissner/Gerhard Rauchwetter, Der Mensch und seine Gottesbilder. © 1982 Walter Verlag, Olten.
51–58	s. Anm. zu S. 23–25.
62–63	Aus: Richard Carstensen, Griechische Sagen. © 1954 by Ensslin Arena Verlag, Würzburg.
65–67	Aus: Platon, Symposion, neu bearbeitet und herausgegeben von Rainer Nickel. © 2000 Patmos Verlag, Düsseldorf/Zürich.
68–70	Aus: Ovid, Metamorphosen, übersetzt von Hermann Breitenbach. © Artemis & Winkler Verlag, Düsseldorf/Zürich.
76–79	Aus dem Finnischen von Lore und Hans Fromm (gekürzt, Quelle unbekannt).
80–82	Aus: Wo der Regenbogen endet, deutsch von Kurt Lauscher. © Verlag Werner Dausien, Hanau/Main.
82–83	Aus: Neil Philips, Mythen visuell. Aus dem Englischen von Margot Wilhelmi. © 1999 Neil Philip. © der deutschen Ausgabe: 1999 Gerstenberg Verlag, Hildesheim.
88–91	Aus: Andrew Matthews, Vom Anfang der Welt, Schöpfungsgeschichte der Völker. Aus dem Englischen von Christina Baumeyer. Altberliner Verlag, Berlin-München 1996, 78–81.
92–97	Aus: Als die Bäume in den Himmel wuchsen. Märchen der Völker, ausgewählt aus der Reihe »Die Märchen der Weltliteratur« von Inge Diederichs. © 1977 Diederichs im Heinrich Hugendubel Verlag, Kreuzlingen/München.
98–99	Aus: Inge Dreecken und Walter Schneider, Die schönsten Sagen der Neuen Welt. © 1972 Südwest Verlag, München.
100–103	Aus dem Amerikanischen von Konrad Dietzfelbinger, in: Barbara C. Sproul, Schöpfungsmythen der westlichen Welt. © 1994 Diederichs im Heinrich Hugendubel Verlag, Kreuzlingen/München.

106–109	s. Anm. zu S. 98–99.
110–113	s. Anm. zu S. 98–99.
114/116	Aus: Märchen aus der Südsee, erzählt von Vladimir Reis, deutsch von Lotte Elsnerová. © Verlag Werner Dausien, Hanau/Main.
121-122/124	Aus: Frederik Hetmann (Hg.), Der Junge, der die Sonne fing. Märchen der nordamerikanischen Indianer. © Königsfurt Verlag, Krummwisch 2003.
124–125	s. Anm. zu S. 40.
126–131	Aus: Die Heilige Büffelfrau. Indianische Schöpfungsmythen, hrsg. von Ernst Schwarz. Kösel-Verlag, München 1995.
135-138/140	s. Anm. zu S. 98–99.
140–141	Aus: Märchen der Indianer. Mythen, Märchen und Legenden der Indianer Mittel- und Südamerikas, nacherzählt von Vladimir Hulpach, deutsch von Jan Vápeník. Verlag Werner Dausien, Hanau/Main 1976.
148-150/152-153	s. Anm. zu S. 98–99.
154–156	Aus: Enrique Rosner, Gottes Indiogesichter. Geschichten und Weisheit der Indio-Religionen. © Matthias Grünewald-Verlag, Mainz 1993.

Alle anderen Texte, sofern nicht anders ausgewiesen, in der Textfassung von Dietrich Steinwede.

Abbildungsverzeichnis
(soweit nicht bei der Abbildung angegeben)

36	Aus: Peter Grieder, Tibet. Land zwischen Himmel und Erde. Eine Reise nach innen, Albatros/Patmos 2000.
90	Werner Forman Archive.
120	© Linda Victoria Tucson, A. Z.
123	Heike Owusu, aus: Symbole der Indianer Nordamerikas, Schirner Verlag, Darmstadt 1997.
134	Aus: Beautyway L. C. Wyman, Sand painting of the Caventa Navajo, Santa Fe, Neu-Mexiko 1952.
139	Quelle unbekannt.